外企秘书
工作手记
60堂职场情景课

谭一平◎著

广东旅游出版社
GUANGDONG TRAVEL & TOURISM PRESS
悦读书·悦旅行·悦享人生
中国·广州

图书在版编目（CIP）数据

外企秘书工作手记 / 谭一平著 . —广州：广东旅
游出版社，2019.3
ISBN 978-7-5570-1588-6

Ⅰ．①外… Ⅱ．①谭… Ⅲ．①企业－秘书学 Ⅳ.
①F272.9

中国版本图书馆 CIP 数据核字（2018）第 263962 号

外企秘书工作手记
Waiqi Mishu Gongzuo shouji

广东旅游出版社出版发行
（广州市环市东路 338 号银政大厦西楼 12 楼　邮编：510180）
印刷：北京雁林吉兆印刷有限公司
（地址：北京市密云县十里堡镇红光村 47 号）
广东旅游出版社图书网
www.tourpress.cn
邮购地址：广州市环市东路 338 号银政大厦西楼 12 楼
联系电话：020-87347732　邮编：510180
880 毫米 ×1230 毫米　32 开　9.75 印张　186 千字
2019 年 3 月第 1 版第 1 次印刷
定价：49.00 元

目 录

01 篇
工作时间必须严肃认真

⟲ 三月×日

今天是一个非常有纪念意义的日子，一是两年前的今天，我被公司聘用，正式成为一名外企的秘书，二是今天我正式成为孙总的专职秘书。

似乎是有意安排对我进行一次测验，以考核我是否已成为一名合格的职业秘书，孙总今天一上班就给我来了个"下马威"。

公司决定参加今年九月在上海举办的国际展览会，会议的筹备工作由孙总负责。一上班，孙总就让我到他的办公室，告诉我一些他对筹备工作的设想，如参加的部门、人员、经费、进度安排等。我迅速记录着，以便尽快拿出报告，提交下个星期召开的公司事务会讨论。

"还有，你让黄部长马上过来一下。"孙总最后说。

"对不起，孙总，我没听清楚，您是找市场部的王子亮部长，还是找销售部的黄云鹤部长？"

由于孙总是南方人，说话"王""黄"不分，而这两个部门都要参加展览会的筹备工作。

"One thing，once."孙总突然说了一句英语。

"嗯？"

由于太紧张，我一下子没明白这句英语的意思。

"One thing，once."孙总重复了一次。

我这次听明白了，孙总的意思是好话不说两遍。他没有意识到他发音"王""黄"不分，而是以为我注意力不集中，所以他火了。

"对不起，孙总。"我看着孙总的眼睛说，"我实在没听清您是想找市场部的王子亮部长还是销售部的黄云鹤部长。"

宁肯挨训，我也得把事情问明白了，不然叫错了人，挨批评是小事，还会耽误更多的事。

我看着孙总，等待挨训。他脸上的线条像刀刻出来似的，难怪玛丽背后老是叫他"高总"（高傲冷漠）。

"你让销售部的黄云鹤部长马上到我的办公室来。"孙总似乎也意识到自己说话"王""黄"不分；虽然最终没有发火，但他的声音仍然冷冰冰的。

过去我也经常跟孙总打交道，但今天算是第一次正式与孙总"短兵相接"；虽然差点挨训，但我完全可以理解。孙总四十多岁，美国哈佛的博士，在硅谷打拼多年；回国不到一年，就担任这么一家规模不算小的外企的副总，因此，办公室对他来说就是战场。所以，当他自己身先士卒，冲锋陷阵，与敌人展开肉搏的时候，他当然容不得他手下的士兵仍然嘻嘻哈哈、松松垮垮。

现在有许多女孩子选择秘书作为职业，仅仅是受了一些电视和小说的影响，以为做秘书轻松而浪漫，既不像销售部的销售人员那样有销售指标的压力，也不像研发部的科研人员那样必须按时完成团队的相关项目，工作业绩指标弹性很大。所以，一些秘书在上班的时候，注意力不集中的现象时有发生，比如，打电话时嘴里嚼着口香糖，手里玩着铅笔。

"One thing, once."这对于秘书来说本身就是一种鞭策，也是一声警钟。

果然，当我从孙总办公室出来，就听见经理在狠狠训斥玛丽："你给我记住：值班的时候，空闲时间不等于是你可以自由支配的时间！"原来，刚才在值班的时候，玛丽见没有客人，便在网上追昨晚错过的韩剧，结果经理来到她跟前，她还没有发觉。

既然我被安排给孙总做专职秘书，那从今以后我就得好好地了解和适应孙总的思维方式及工作习惯，当然也包括适应孙总的口音。秘书只有全面了解和适应自己上司的思维方式及工作习惯，才能与上司形成一种深深的心灵默契，使我们双方的工作相得益彰。

安排我给孙总当专职秘书，不仅是对我工作能力的肯定，也是我的幸运。孙总表面不苟言笑，但他的工作方式肯定容易适应，一是一，二是二，条理清晰，批示明确，秘书理解和执行起来相对容易。前些天，我替艾丽丝给赵总当了几天专职秘书，好多事我向赵总请示，他老是让我"看着办"。我向他汇报，特别是在下午的时候向他汇报，他老是含含糊糊的，很少明确地答复；我去请示某项工作，要求得到具体指标或明确答复，有时他"哼哼哈哈"一通之后，没有明朗的态度，有时只是说"知道了"；相反，如果他说"外面好像要下雨了"，那我就得想到要给他准备雨伞；给他当秘书，长一个心眼不行，得长两个心眼，挺累心的。

当然，要让孙总满意我的工作，也不是一件很容易的事，但我有信心。如果说今天是对我第一次做他秘书的工作能力的测试，那按一个职业秘书的标准来衡量，我给自己打61分，吼吼，我及格了！但，我必须还得努力加油！

下班时已是星斗满天了。我们家小区门口不知什么时候新开了个小花店。晚风习习，从店里送来阵阵清香，我深深地吸了一口，仿佛看到了春天在向我微笑。于是，我进去买了束花，我要去和春天约会。

02 篇
心态比能力更重要

⚲ 三月×日

今天是星期天，中午我正在帮老妈做饭，小燕来电话说是要我过去一趟，开个"董事会"。

我问："什么董事会？"

她说："你怎么忘了？我们花店的董事会。"

我笑小燕故弄玄虚。前天我下班时在小区门口碰到了小燕。小燕是我中学同学，已有好几年不见了，现在是一个电台生活栏目的主持人。这个小花店就是她开的。当时，我问她怎么想起开花店，她指着他——她的男朋友，同一个栏目的记者——说："我俩都喜欢花，想通过这个小花店吸取一些创作灵感；当然，也可以利用我们现有的一些资源，赚点零花钱。"

我说这是个好主意。当她得知我就住在这个小区里时，就马上邀我入伙。

我不好意思地说："我只是个小文员，没有什么积蓄，再加上上班也挺忙的，所以……"

还没等我把话说完，快人快语的小燕就说："这么个小店，用不了几个钱！星期六星期天有空的话，就过来帮我看看！"

我说我也很喜欢花，有时间我一定来帮忙，于是，她当场口头任命我为"副董事长"。

今天"董事会"唯一的议题就是招聘花店的总经理——挑选一个平时帮他俩看店的店员。刚开张那几天，他们请的那个看店的女孩嫌工资低，跳槽到旁边的一家美容院去了。小燕在门口贴了一张招工告示，有七八个女孩来应聘，他俩看中了三个，每人试用了三天，结果觉得都挺合适。三个人到底留谁，他俩谁也没说服谁，所以提议召开临时"董事会"。

这三个女孩我都见过，都长得像花一样漂亮：一个曾在花店干过，有经验；一个是技校花艺专业应届毕业生，有知识；一个是高中刚毕业。第一个试用的是那个有经验的女孩。她每次一见顾客进花店，就不停地介绍各类花的象征意义和给什么人送什么花的知识，顾客很少有空手出门的，或买束鲜花，或买个花篮；她每天的销售额几乎是原来聘用的那个女孩的两倍。

第二个试用的是那个花艺专业的学生。她从插花的艺术到插花的成本，事事都精心琢磨……三天下来，她的业绩与第一个试用的女孩几乎不相上下。

第三个女孩由于没有经验，专业知识也不够，一开始放不开手脚；然而只要她一进花店，她的微笑就像鲜花一样灿烂；她喜欢花，对那些残花败枝也从不随便扔掉，而是修剪修剪，或者用牙签连接花枝夹在鲜花中，每天下午送给那些刚放学的小学生……尽管她干得挺努力，她的业绩还是比前两个差一些，不过，花店的人气越来越旺。

这三个女孩到底留下谁？小燕主张留下第一个有经验的，小燕的男朋友则主张留下第二个有知识的；但他俩又觉得不用第三个怪可惜的，所以，让我来投下"决定性的一票"。我几乎是不假思索地说希望留用第三个女孩。

对于卖花来说，无论是经验还是知识都很重要，但心态更重要。经营这么一个小花店，知识和经验都是可以很快积累的，但心态是不太可能改变的，因为喜欢花是天性，是学不来的。如果卖花的自己不喜欢花，或者不是非常喜欢花，那她往往就只会把卖花当作一种谋生的手段，甚至是一块跳板，工作就不会有主动性和积极性；一旦找到工资更高的或更轻松的工作，那就肯定会跳槽，原先的那个女孩子就是证明。第三个女孩不仅喜欢花，而且是非常非常喜欢；她肯定会把经营这个花店当作自己的事业，因而会去主动地学习知识和积累经验，并充分发挥自己潜在的想象力和创造力，因此，用不了多久，她的业绩肯定会上去。

我的意见得到了他俩的一致赞成。

"还有，爱好是一种品位，是一种修养，没有一定的艺术熏陶是做不到的。从这个角度来看，这个女孩更值得信赖，平时你俩上班会更放心。"

回到家里，老妈笑着问我第一次参加"董事会"有什么感想，我说："卖花实际上和当秘书是一回事。现在有很多人都想当文秘，以为只要会打字和脸蛋不算太丑就行了。其实，如果你只掌握一些基本的技能，但并不真正喜欢秘书这种'伺候人'的工作，那就肯定成不了一个让上司满意的职业秘书。心态决定一切！"

"有这么严重吗？"老妈问。

"当然是这样。秘书部门可以说是个'不管部'，经常要处理一些临时性和突发性的工作，态度不行就没有责任心，肯定做不好。一个能力强但责任心不是很强的秘书，往往还不如一个能力弱些但有责任心的秘书，因为工作态度是基础，没有认真细致的工作态度和责任心，能力再强也发挥不出来。另外，如果秘书不喜欢自己的本职工作，那秘书就会做事马马虎虎，也不会去精益求精。可以说，秘书连给客人沏杯茶这种小事也做不好。"

"为什么？"老妈似乎不相信。

"因为客人能从秘书脸上看到一百个不情愿。"

老妈笑着说："看来你真像个副董事长了！"

这到底是在夸我还是在损我？

03篇
正确处理老板的隐私

三月×日

上午出门办事，刚回到办公室，孟姐就说公司总经理姜总让我去他的办公室一趟。孟姐说听姜总的口气，事情似乎挺急。孟姐是姜总的专职秘书，我想问一下她到底是什么事，但还是忍住了，心里有些紧张。

来到姜总的办公室，姜总倒还是像平时一样随和，问我刚才到哪儿去了；闲聊了几句之后，姜总问我："小于，近来公司似乎有人在议论王总的事，你常去他的办公室，知不知道一些这方面的情况？"

王总是公司负责市场销售的副总经理，四十出头，他的工作能力是无可挑剔的，但可能是由于他老婆孩子都在澳大利亚，公司不时流传一些他的风流韵事。

上个星期四下午，王总突然让我去他的办公室，并交代我说："小于，我马上要去机场，到香港出差，麻烦你明天去帮我办一件事。下了班之后，你去西单某某大厦的首饰柜台，我刚才已给对方的经理打过电话，你只要提我和你的名字，人家就会给你一包东西。取到东西后，你再帮我送一下。"说着，递给我一张写着地址的纸条。第二天下班后，我取了东西，根据王总的纸条，找到了亚运村一座高层公寓。出来给我开门的是一位看上去不到三十岁的漂亮女人，她当时还穿着睡衣；在打开包装之后，她高兴得几乎跳了起来："啊！王哥连我的生日都还记得，真是太好了，谢谢王哥！谢谢王哥送给我的生日礼物！"

　　姜总问的肯定是这件事。

　　作为秘书，你必须了解自己的上司在工作和私人方面的交际范围。如果不了解上司的交际范围，分不清他对朋友亲戚的亲疏，那不仅在工作日程上不好安排，就是许多电话也不好处理。"我找某某！"对方电话打进来，不仅不报姓名，而且对上司直呼其名；如果你听不出这是上司的太太或其他亲属的声音，只是公事公办地反问"请问您是……"，那对方就有可能让你吃不了兜着走。因为要了解老板的一些私人生活，或者是在给老板家送材料的时候，或者是在转接电话的过程中，秘书就不可避免地要了解老板的一些隐私。由于老板的私生活一般与工作无关，因此，作为职业秘书，对于老板的隐私，看到了的要当作没看见，听到了的等于没听见；只有这样，老板才能真正放心让你协助他的工作。

我该不该对姜总说出帮王总送首饰的事？我稍微迟疑了一下之后，一五一十地把事情的经过对姜总说了："上星期四下午，王总到香港出差之前，让我第二天到西单某某大厦取了一包东西，送给住在亚运村的一位女士。那位女士收到东西后说：'谢谢王哥送我的生日礼物。'"

"哦，知道了。"姜总平静地说。

从姜总的办公室出来，在走廊上我如释重负。我知道王总是因为信任我，才让我去办这件事的。当姜总刚问我的时候，我也问了自己：如果把事情的经过对姜总说了，是否对得起王总给我的那份信任？但很快我否定了这种想法。的确，我们中国历来有"士为知己者死"的传统美德，对于王总这份信任，我理应像金庸笔下的那些刀侠剑客一样，为王总两肋插刀，替王总隐瞒过去。但我现在不是生活在艺术家笔下那种虚无缥缈的江湖之中；如果说金庸笔下的江湖充满了险恶，那么，现代职场的险恶可能是有过之而无不及的，自己必须小心谨慎。当年的刀侠剑客能为后人所景仰，是因为他们视当时的江湖规矩如生命，义薄云天。那么在现代的职场上，我必须遵守现代职场的江湖规矩，即国家法律和公司的规章制度，否则，我就像塞万提斯笔下的唐·吉诃德举着大长矛去刺风车一样，过时而且可笑。作为现代企业的职业秘书，我必须遵守国家法律和公司的规章制度，以公司利益为最高利益，这就像军人必须服从上级命令一样，也是一种天职；也可以说，这是一种现代企业秘书的天职。

在这种现代企业中，老板与秘书的关系，既不是封建庄园里的主人与奴仆的关系，也不是江湖武林中那种师徒关系，更不是《三国演义》中刘备关羽张飞那种桃园结义的兄弟关系。秘书与老板的关系，就像一个交响乐团中的乐手与指挥的关系，乐手不是为指挥演奏，而是按指挥的手势与指挥一起，共同为观众演奏。秘书不是为老板工作，而是与老板一起共同为企业工作，只不过秘书是根据老板的指令而工作。因此，尽管秘书与老板之间可能存在着一些私人情谊，或者其他的恩恩怨怨，但秘书与老板的关系，在本质上是一种工作关系，不存在任何的人身依附关系。既然是一种工作关系，那就必须优先考虑公司利益，而不是个人之间的关系。

姜总作为公司的总经理主动问起了这件事，就不能说送生日礼物这件事与工作无关。姜总掌管着公司几十亿的资产，每天的工作千头万绪，纷繁复杂，现在抽出专门的时间来过问王总给人送生日礼物这件事，说明它不仅与工作有关，而且关系很大；至于这件事与工作是一种什么关系，姜总会怎样处理这件事，那就不是我这个秘书过问的事情了。

从另外一方面来说，这件事是姜总主动问起来的，也就说明姜总不是在捕风捉影，肯定是有备而来。在这种情况下，即使我想像某些文艺作品中的侠客一样为王总两肋插刀，自己承担风险而把事情瞒住，那也是瞒不住的。这不仅对王总没有任何帮助，还会把自己搭进去。

回到座位上后，我反复想了想，心情又变得有些沉重。现在我把事情的经过对姜总都说了，王总知道后，那他会不会在工作中给我小鞋穿，故意刁难我呢？即使王总不打击报复我，将来别的领导又会怎么看我呢？

回到家里，我对事不对人地把这件事情的大概对老爸说了，他想了想后说担心也没用。听他一劝，我心情舒畅了些，也觉得自己没有必要担心。即使王总知道了事情的经过，他也应该能谅解我。王总是位职业经理人，作为职业经理人，他们有他们的职业操守；作为职业秘书，我们也有我们的职业操守；既不添油加醋，也不掐头去尾，如实向老板汇报，这是我们做秘书的天职，也是自己做人的良心。

前些天，在美国某公司当秘书的师姐说，他们的美国老板就有意利用公司一些领导人的私生活来测试秘书对公司是否忠诚；如果是这样，那我更应该如实地向姜总把情况说清楚了。

04篇
与人相处"和"为贵

〇 三月×日

　　离夏天还早着，可今天的天气很热；似乎是因为气温骤升，一些人的脾气也大起来了。

　　早晨一上班，研发部的鲁天明来找我。他怒气冲冲地对我说："我们部门与美国吉姆公司合作项目的批文怎么还下不来？你们当秘书的办事怎么这样拖拖拉拉？这个项目要是黄了，你来负这个责？！"

　　"行，我帮你催催！"我和颜悦色地说。

　　其实这个报告早就送给孙总了，但这几天孙总天天开会，根本没时间看。

　　看着鲁天明怒气冲冲的背影，玛丽有些幸灾乐祸地说："什么项目黄了？就是怕夜长梦多，自己去不了美国！一天到晚都这么牛皮哄哄的，于雪，再晾他几天，让他着着急！"

"玛丽，你肚子里怎么那么多坏水？"我笑着问玛丽。玛丽是比我晚一届的师妹，所以说话比较随便。"我们也得替鲁天明想想。到美国去的报告老是批不下来，让他一直悬着，别说护照签证这些事不好办，就是项目本身的许多前期准备工作，他也不知该不该做，所以，他发火也能理解。"

由于要保证上司有足够的时间和精力来处理公司的一些战略问题或核心问题，秘书有一项重要的日常工作，就是像块纱布一样过滤一些来找公司领导的电话、客人或文件。因此秘书就变成了各部门与上司之间的桥梁，正因为是桥梁，宽度有限，偶尔出现拥挤堵塞现象在所难免。这样，那些暂时被堵塞的人不可能个个都能理解，于是，有人要找个地方撒气。在大多数情况下，必然会把怨气发泄到秘书身上。

也许是过去有关慈禧太后的电视剧太多了，许多人把李莲英当作老佛爷的秘书看待，所以在他们的印象中，秘书都有李莲英那样的本事，事情办不办得成，全在于秘书肯不肯帮自己的忙。不说外来的客人，即使在公司内部，许多人也不一定了解秘书部门的工作，以为各种报告批不批，上司想见谁不想见谁，都是秘书说了算。所以像鲁天明这样，文件批不下去，就朝秘书发火。当然，也有人知道这并不是秘书的责任，但是他们又不好直接朝领导发火，所以只好把秘书当作出气筒。可以说，当出气筒似乎也成了秘书工作的一大特色。

由于看问题的角度不同，秘书与职能部门的人发生一些矛盾、造成一些误会是正常的。比如，研发部门觉得某种新产品必须尽快研发，不然就会被竞争对手超过，所以打报告给公司领导，要求尽快上马开始研发；而秘书可能从销售部门的报告中了解到，这种产品市场还没有成熟，用不着那么急，所以没有把研发部的报告优先送给上司。因此，秘书与各部门出现一些矛盾和分歧是正常的。只要加强沟通，是完全可以消除的。

但是，如果一听到别人讲自己一两句气话，秘书马上针锋相对，在桥梁本来不畅通的情况下，凭个人意气办事，再设一个卡，摆出一夫当关万夫莫开的架势，把人家堵在桥头，将正常的工作矛盾转化为个人恩怨、人事纠纷，那就会使事情越来越复杂，最后有可能变成死疙瘩。

在一些人的眼里，不管秘书做什么，都是在替上司办事，有些人甚至以为是上司有意让秘书这么做的，所以，只要秘书愿意，就有很多机会和办法，像只砂轮一样把对方磨得一点脾气也没有。但是，当秘书像只砂轮强行把对方磨平的同时，肯定会给自己带来隐患。人家口服心不服，今天斗不过你，明天还会跟你斗；明里斗不过你，暗里可以给你使绊；一有机会人家又会把你当出气筒。所以秘书最忌采取"道高一尺，魔高一丈"的态度跟人家治气。因为如果秘书把人家的路堵死了，那实际上也就等于把自己的后路给堵死了。

对于秘书来说，有被人求的时候，肯定就有求人的时候，而且求人的时候还很多，比如上司跟秘书要个资料，这就需要有关部门提供素材；上司外出办事，也需要各部门配合；秘书的工作都比较烦琐，就像胡雪岩说的八个壶七个盖，你要同时保证每个茶壶上都有盖，没有别人的帮忙很难做到。即使你百事不求人，你也会事倍功半……要做好秘书工作，不仅要得到上司的信赖，还要得到各部门的信赖，而且是长期的信赖，所以秘书必须知道自己的位置，为人宽容和坦诚。

除了个别人是出于妒忌的原因，秘书受到的绝大部分抱怨是由于误会造成的，因此，一个称职的秘书在承受这些抱怨的同时，应想方设法改进自己的工作方法，加强与对方的沟通，使自己这座桥梁更顺畅一些，尽量帮对方的忙。

下午4点，孙总开完事务会，我去他办公室确认他明天上午的工作日程，顺便提起鲁天明去美国的报告："孙总，关于研发部派人去美国的事，今天他们来找我，问报告的事，我找了一遍，不在我那里，是不是已送到您这里来了？"

孙总在一大堆文件里翻出研发部的报告，一目十行地看了一下，便签了字。他把文件交给我，让我送到人力资源部去，并让我通知鲁天明，五点半到他办公室来一趟，他要了解这个项目的一些具体情况。

我把文件送到人力资源部后，就给鲁天明打电话："鲁天明吗？我是于雪，你的报告孙总已经批了，我已把它送到人力资源部去了，他们马上给你办手续。"

鲁天明连忙说"谢谢"。

"另外，今天下午五点半，你去一趟孙总的办公室，孙总想跟你谈谈，了解项目的一些具体情况，请你好好准备一下。"

放下电话，玛丽就对我说："像他这种不知好歹的人，你说一句'孙总找你'就得了，他已经占了那么大的便宜，还有必要跟他说那么多吗？"

"玛丽，别看鲁天明个头那么高，脾气那么大，可他实际工作时间不长，经验不足；如果在电话里我只对他说'孙总找你'这几个字，他心里说不定多紧张，甚至会以为孙总不让他去美国了；如果真是这样，作为一名新员工，他在毫无准备、心情又紧张的情况下去见孙总，能把项目的情况说清楚吗？他如果说不清，让孙总不高兴，孙总真的有可能让研发部换人。因此帮鲁天明消除紧张心理，让他提前做些准备，是我们秘书的责任；再说，我们也只是做个顺水人情。"

如果作为秘书，你不善于沟通，而是今天跟这个治气，明天跟那个治气，你的工作还怎么做？就算你在工作中不需要求人，斗来斗去会有好心情吗？人有时只要稍微想想，就会明白一个很简单的道理：除了睡觉的时间，一个人在办公室里的时间远远超过在家的时间，如果你在办公室像在家里一样互爱和谦让，哪怕只有一半的互爱和谦让，你会觉得工作和生活温暖美好许多倍。

　　生意人做生意讲究求财不求气。对于我们当秘书的来说，必须具备良好的沟通能力，求和不求气。

05篇
人事问题永远是秘中之秘

〇三月×日

连续几天笼罩在头上的乌云似乎没有散去的意思，它似乎憋足了劲要把天空遮掩得严严实实。

中午吃过饭，艾丽丝就被人力资源部部长叫去了。回来的时候，艾丽丝的脸色苍白，有明显哭过的痕迹。

到底出什么事了？当我正在疑惑，想用什么方法安慰艾丽丝的时候，珍妮悄悄拉了一下我的衣角，让我跟她到接待室去。

"艾丽丝的事你还不知道吧？"珍妮低声说，"事情是这样的，前几天公司开人事会，说是在新加坡办事处的洪刚病了，那边要求公司尽快派人去顶替，所以当时就定了出口部的雷鸣过去。五月一日正式发调令。"

"那这与艾丽丝有什么关系？"我还是不明白。

"你听我说。那天开会正巧是艾丽丝负责送水沏茶，她听见了调雷鸣去新加坡的事。"

见我还是不明白，珍妮笑了起来："艾丽丝和雷鸣原来打算今年国庆节期间结婚的！"

"他俩是什么时候开始谈恋爱的？"

写字楼里的人都说，公司同事之间谈恋爱，就像水族馆里的海豚谈恋爱一样，是透明的，他们的一举一动被人看得清清楚楚。没想到他俩的保密工作做得那么好，连我们这样的好朋友也被蒙在鼓里。

"可能是他俩昨晚约会时，艾丽丝把雷鸣要被派到新加坡去的事说了出来。"

我终于明白了。

"如果艾丽丝只对雷鸣说了，事情到此为止，也就没什么大事。可偏偏今天上午雷鸣不知是有意还是无意，把这事在办公室里说了出来。你想想，大家都是工薪阶层，谁有个升迁调动，特别是外派新加坡这样的美差，能不敏感吗？所以没过半小时，这件事就传到人力资源部部长的耳朵里去了。人力资源部部长马上找到雷鸣，问他是听谁说的，雷鸣只好说是听艾丽丝说的。人事问题是公司机密中的秘中之秘，调令还没有正式公布，就已经满城风雨，人力资源部部长当然不能容忍这种事情发生，所以，他刚才把艾丽丝叫去，狠狠地批评了一顿。这事怎么处理还没最后定。"

"是吗？这事怎么闹得这么严重了？"

"刚才，人力资源部部长又把经理也叫去了，估计他也会挨批。"珍妮说。

会给艾丽丝一个怎样的处分？是调离秘书部门还是炒鱿鱼？大家一个下午都在默默地推测。

下班的时候，孟姐让珍妮、我、小石和玛丽晚走一会儿，在小会议室里议一议，想个办法帮帮艾丽丝。

"作为女性，我理解艾丽丝的做法。"孟姐第一个表态，"艾丽丝这种情感是真挚的，不应该将调动这么大的事瞒着雷鸣。但是，我们都应该知道，在公司的所有机密里，人事问题永远是秘中之秘。从这个角度来看，人力资源部给艾丽丝的任何处分都不过分。秘书，顾名思义，就要严守秘密。不过，雷鸣毕竟是个普通的员工，不是公司的高层主管，我觉得这事还没有给公司造成什么实质性的危害，所以，我想用这种理由去跟姜总说说，不要给艾丽丝太严厉的处分。你们大家觉得怎样？"

"我不认为艾丽丝做错了什么！"

玛丽似乎不太赞同孟姐的观点。"我们大家每天辛辛苦苦地工作，到底是为了什么？不就是为了使我们的生活更加美好吗？在我们的生活中，对于我们这样的女性来说，有什么比爱情和婚姻还重要的东西？所以，我认为艾丽丝没有错，不应该给她什么处分。"

玛丽越说越激动，从座位上站了起来。"相反，我认为，艾丽丝在与雷鸣约会的时候，如果不把这事说出来，那是非常残忍的，甚至可以说是一种欺骗。孟姐，我建议你跟姜总说说，处分是该给，但该处分的是雷鸣！"

大伙都笑了。

"我还是赞成孟姐的意见。"我说，"秘书的秘，就是秘密的秘，中国是这样的，国外也是这样的。在英文中，secretary（秘书）就含有 secret（秘密）的意思。从这个角度来看，男秘书女秘书都一样，我们不应该用性别祖护自己，错了就是错了，我们以此为戒。从这个角度来说，请求公司原谅艾丽丝一次。这么做看行不行？"

人们常说女性比男性更适合当秘书，这是有一定的道理，因为一般女性性格比较细腻，为人温柔，善于沟通，适合给上司做一些服务性的辅助工作。这是我们女性的优势，我们在工作中也应当扬长避短。但是，我们不能因此而把性别优势作为祖护自己的理由和借口，以降低对自己的要求。

在回家的路上，艾丽丝那张惨白的脸一直在我眼前浮现，同时还有艾丽丝脸上那两道明显的泪痕。艾丽丝今年国庆节能结婚吗？他们的感情会不会出现波折？另外，经理会不会也要受处分？

回到家里，我的心仍然悬着。

06 篇
人家不仁，但秘书不能不义

〇四月×日

今天早晨，电视新闻里说，在川藏交界的地方发生了大面积的山体滑坡，造成几十人死亡，上千人无家可归。看着那些镜头，我的心非常沉重。

公司对艾丽丝的处理结果出来了，记过处分，经理也要做书面检讨。听到这个结果，大家都松了一口气。但公司里近一阶段气氛都比较沉重。每年到这个时候，都要进行例行的人事调整，对于工薪阶层来说，这是一个非常微妙的时期。当然，对于我们这些年轻的女秘书来说并没有什么影响，主要是那些以男性为主的中层干部对此比较敏感，因为不知道被调到外地的分公司、办事处或控股企业去是甜还是苦，是福还是祸。

中午，在餐厅吃饭的时候，研发部的李龙经理端着饭盘来到我对面。

"小于，这次我们研发部人事有什么变动？"

"对不起，李经理，我不太清楚。"

由于孙总分管研发部，我平时跟李龙打交道也不少，他对我的工作还是很支持的。

"你怎么会不知道呢？"他似乎没料到我会这么回答他，所以脸上出现了尴尬。

"李经理，我真的不知道。所有人事方面的文件起草都是人力资源部在做。"

我说的话一半是真的，一半是假的。文件是人力资源部起草的，但在送给孙总的时候，我看到了里面的内容。

"是吗？"李龙转移了话题，随后就悻悻地走了。

我理解李龙的心情，他上有老，下有小，真的要是调到外地，的确会有许多实际困难，但职场的生存环境就是这么残酷。作为秘书，我必须严守不泄露机密这条最基本的职业道德，否则，我也不知道我的饭碗什么时候会被砸掉。

下午上班，我打开电脑，发现我邮箱里两封主题为"企业债券"的新邮件被人打开看过。大概是上两个星期，孟姐说姜总看到上海某公司发行企业债券的消息，很感兴趣，让我收集一些这方面的资料。由于我对这方面懂得不多，便让在上海证券交易所工作的表哥帮我收集一些资料。他每次找到资料便用"企业债券"的主题发 E-mail 给我。是谁在我不注意的时候看我的邮件？

我把玛丽拉到走廊上，问她今天是不是看了我"企业债券"的新邮件，她被我问得有些莫名其妙："我看那东西做什么？我要看的话也会跟你打招呼的呀！"

那么，到底是谁在偷看我的邮件呢？我想起来了，很有可能是王娜。一来她知道我的邮箱密码，上个月为了筹备全国代理商年会，经理将销售部的王娜借调到我们办公室帮几天忙，她用的就是我的电脑，知道我的密码；另外她也有这方面的兴趣，前几天她在电梯里无意对我说起，她的男朋友在一家有相当规模的证券公司工作。也许王娜认为，姜总对"企业债券"问题感兴趣，我们公司或下属的公司将来肯定就会发行"企业债券"；如果能把这项业务介绍给她男朋友的公司来做，他们个人肯定会有好处。虽然姜总目前仅仅只是感兴趣，离实际操作还不知有多远的距离，但王娜可能就在做这方面的准备。不然，别人一般进不了我的邮箱，即使进来了，也不一定单独对"企业债券"这样的邮件感兴趣。

"你猜出是谁偷看了你的邮件？"玛丽看我的脸色阴转晴，好奇地问。

我点点头，我估计八九不离十就是王娜。

"是谁？"

"这重要吗？"我反问。

"对这种不讲职业道德的人，就该治治。"玛丽有些激动地说，似乎她的邮件也被人偷看了。

见我无动于衷的样子，玛丽叹了口气说："你怎么就那么慈悲？"

我笑了笑："我觉得秘书做人就应该像枚铜钱，外圆内方，做人的原则要方，一点也不能含糊；可处理问题的手段要圆，必须方方面面都得想到。现在这种情况，你怎么治王娜？你说是她偷看的，你有什么证据？请公安刑警介入？话说回来，即使能拿出确凿无疑的证据，就一定要'治治'她吗？她的方法虽有些下作，可她的目的也就是想给自己的男朋友揽点业务，这是什么大错？为什么就一定要治她呢？如果把这事闹大了，除了给人一个'我于雪是泼妇，今后你们谁也别惹我'的印象，对我还有什么好处？"

"那就这么算了？"玛丽问。

"不！我知道怎么处理。"说着，我拉着玛丽回到办公室。

这种事当然不能容忍！即使我不是秘书，我也有我不容侵犯的权利，这是一个原则问题。如果你容忍了第一次，那么第二次、第三次的类似事件不久就会到来。因为人家并不一定感谢你的忍耐，相反，人家会认为你是个"软柿子"，活该受人欺负。但是，不能容忍是个原则问题，怎么处理则是个方法问题，不能用原则代替方法，虽然别人不"仁"，你却不能不"义"；用原则代替方法，采取简单的报复，最后只能让自己卷入一场连你自己也讨厌的无聊纠纷之中。秘书只是公司的一名普通员工，但是在一些人的眼里，秘书却"一人之下，万人之上"，所以，当你每做一件事的时候，应三思而后行，否则，很容易让人以为是上司在指使你这么做，让办公室政治更加复杂化。

网易的邮箱是免费的，我用了个化名又申请了一个新邮箱，并用"企业债券"的主题给自己发了个邮件。但在邮件里我只写了几句这样的话：

"朋友，如果你想了解企业债券方面的信息，请给我的手机发短信，我们可以找个时间当面谈谈；请不要在未经我同意的情况下，再次阅读我的邮件了。"

下班的时候，我的手机上果然出现了"对不起"三个字的短信，一看手机号码，就是王娜的。

秘书应尽可能地多些宽容与忍让。一份宽容与忍让，将来在工作中肯定会有两份回报。

07篇
"历练"是优秀秘书的必修课

四月×日

时间过得真快，今天又是星期五了。

经理决定晚上在公司旁边的龙泉饭店为小石举行一个部门欢迎会。去年也是在这个时候为玛丽举行的欢迎会。六点钟，公司的领导都下班了，我们几个开始朝龙泉饭店走去。

四月的北京，虽然已是下午六点多了，可大厦前的广场上仍然游人如织；广场中央的巨大喷泉旁边，有几只可爱的小鸽子正在与几个小孩嬉戏；经过严冬的洗礼，树枝上的嫩芽已经苏醒，草坪上的小草也露出腼腆的微笑。春天，正带着迷人的芳香来到了我们身边。

欢迎会六点半准时在龙泉饭店的小包间里举行。包括小石，我们部门的八个人全部到齐：经理、孟姐、托尼、珍妮、艾丽丝、玛丽和我。经理寒暄过后，直奔主题："你们知道为什么从今年元月起，公司要设立总经理办公室，将秘书这部分工作从行政部里分出来吗？"经理像是在问大家，又像是在问自己。

"到去年年底，我们公司近十年来，在中国大陆地区的投资累计已近十亿美元。我们现在已有四个分公司，十几个办事处，二十多个独资或控股的子公司，有近三万名员工。随着在中国大陆地区投资规模的扩大，我们增加的不只是工作量，对于公司的领导来说，增加了更多的责任。公司领导要对谁负责？"经理见玛丽有些心不在焉，便指着玛丽问。

"对公司的股东负责。"玛丽说。真不知她心里在想些什么。

"公司领导不仅要对股东负责，还要对公司员工和员工的家庭负责，对我们的代理商、零售商，以及我们成千上万的用户负责。由于公司领导所肩负的责任增加了，所以，他们做决策的风险也相应增加了。为什么说领导的决策都伴随着风险，是因为一个项目小的几百万，大的上亿元，稍有差错，这些投资就打水漂了，它决定着我们公司的兴衰与存亡。

"你们也知道，公司领导的决策大多是在日常工作中以业务命令的形式来实现的。别看他们平时只签签字，打打电话，那就是我们全体员工工作的依据。由于每一个决策伴随着相应的风险，所以要求他们在打电话或签字时不能有半点含糊；因此，为了使公司领导在任何情况下都能客观地认清自己面临的形势，把握公司追求的目标，冷静地做出决策，就有必要将他们从千头万绪的日常工作中解放出来。所以，就要增加他们的秘书，这就是公司成立专门的秘书科和秘书科招兵买马的原因。"

墙上的钟的指针已指向七点半了。

"作为公司的秘书，我们最重要的一项工作就是协助上司收集决策所需的信息。上司做决策如果没有真实可靠的信息，那就等于盲人骑瞎马。从各部门送上来的报告是信息，从外面收集来的资料也是信息；信息有口头的，也有书面的，公司领导就是根据这些信息来进行决策的。由于各种信息来路不一，形式不同，真假难辨，因此，将这些信息交给上司之前，我们自己就要对这些信息进行筛选、甄别、分类和整理。从这个角度来说，我们秘书就是上司的左膀右臂。"

经理接着说："有了正确的信息，上司在决策过程中还要有一个平稳的心态。上司也是人，他们的情绪也容易受外界的影响。如果没有平稳的心态，也很难保证决策的正确。如果某个领导家里有个河东狮，每晚跟他大吵大闹的，他能保持平稳的心态吗？"

有人笑了。小石还不明白，公司领导人中有好几位怕老婆，这在公司是出了名的。

"帮助上司排除日常工作中的一些杂事或小事的干扰，使他们在决策过程中保持平稳的心态，这也是我们秘书的工作和作用。秘书是做什么的？我们就是为了给上司创造良好的决策环境的。"

看得出小石对经理的这番理论感到很新鲜。

"小石，你已经上了几天班了，对当秘书的感受怎么样？"

经理见小石比较拘谨，便笑着问小石。

"跟我当初想象的有些不一样。"

小石认真地说。看得出她是一个很实诚的人。

"是不是在许多像你们这样的女孩子心目中，觉得我们这样的公司办公大楼豪华气派，办公室整洁优美，员工一个个温文尔雅，彬彬有礼，所以到我们公司当秘书轻松又体面？"

小石笑笑，点了点头。

"不错，的确是这样，但是，对于一个刚进公司的新秘书来说，首先都得做一些协助性、服务性的工作，而这些事情，就是俗话说的'打杂'。要想把这些千篇一律、周而复始、枯燥乏味的工作干好，没有毅力和恒心是不行的。你有没有这种思想准备？"

经理脸上没有了笑容。

小石仍只是点了点头，没有说话。

经理点燃了一支烟，继续说："但是，小石，我要告诉你，做一个你这样的白领秘书，实际上是选择了一种黄金事业。我刚才只不过是提醒你，不要过于相信电视剧和小说里所描述的，以为今天进公司，明天就乘高级轿车，到豪华饭店，陪上司吃山珍海味，享受荣华富贵。每一个真正的职业秘书，都是从打杂开始，一步一步地前进，一点一滴地积累的；只有经过长期的历练，才能成为优秀的高级秘书。优秀的高级秘书，就像泸州老窖。我到泸州参观过，不管你原料再好，工艺再科学，不经过长期的窖藏，就成不了真正的好酒。现在的电视和小说甚至一些秘书教科书，很少教秘书从最基础的工作做起。有些秘书甚至在还不知道怎么给客人端水送茶、转接上司的电话的情况下，就给上司当参谋，当助手；如果说这不是有意误导，那也是对现代秘书工作缺乏基本的了解；而有些秘书以为上司喜欢自己，自己又有点灵气，没上三天班，就以为自己是个高级秘书了，这也不切实际。作为一个新秘书，必须耐得住寂寞，经得起磨炼；只要你努力踏实肯干，完全可以逐渐成为一个优秀的高级职业秘书。这就是我说你选择了黄金事业的含义。"

经理看了看手表，说："今天时间太晚了，我也就不多讲了。最后讲一点，因为我们部门又增加了一名新成员，所以在这里我又要强调一次团队精神。由于我们部门处于公司决策的枢纽中心，所以我们一定要有很好的团队精神。我们大家精诚团结，是做好我们本职工作的前提。作为秘书，必须学会处理好人际关系。搞不好人际关系，那你趁早另谋高就。我在这里讲搞好人际关系，不单纯指与别人相处做到一团和气，更在于大家能不能形成一种新的合力。人缘好仅是人际关系良好的一种表现，人际关系能力指是不是尊重别人，是不是理解别人；在与别人沟通时，是不是能很好地听取对方的意见，并把自己的意见说出来；意见不一致时，是不是能把不同的意见综合起来，然后求大同存小异；是不是在说服别人的同时，也能说服自己。"

欢迎会结束的时候，经理对部门内的工作进行了调整和分工：从下周起，我正式给孙总当专职秘书。所谓专职秘书，仅仅是指我的工作的侧重点是协助孙总处理他的日常工作。比如，如果孟姐请假或有其他事情，我也有可能要代替孟姐协助姜总处理日常工作。专职秘书不是私人秘书。在成为专职秘书的同时，我和孟姐、托尼他们一样，也开始负有辅导玛丽和小石业务学习的责任了。

经理举起酒杯，让我们大家一起干了最后一杯。

"记住，我们每个秘书负责的上司，他们在职务上有高有低，但作为秘书，我们大家一律平等！"

当我们走出饭店的时候，长安街上早已灯火阑珊。

青春短暂，人生短暂，正如这春宵，一刻千金！

08篇
出错就必须立即主动道歉

四月×日

一上班，公司驻西安办事处的邵文华的母亲就来了。

她提出要见姜总，由于姜总太忙，所以经理让我负责接待这位快七十岁的老奶奶。

老奶奶说，自去年七月邵文华被派到西安去之后，现在家里谁也管不住她那宝贝孙子了。这孩子不好好学习，成天跟社会上一些不三不四的人混在一起，眼看着明年要考大学了，家里人都非常着急；只有邵文华才能管住这孩子，所以她今天来公司，就是想请公司把邵文华从西安调回北京。

"这孩子如果明年考不上大学，那他一辈子就毁了。"

老奶奶说着，眼泪就出来了。看着她老泪纵横，我心里非常难受，也差点陪着她流泪，不知道如何帮她。就这样，老奶奶反反复复说了一个多小时，我才把她送走。

送老奶奶到大门口，回来刚出电梯口，临时在前台值班的玛丽就指着我对一位客人说："这位就是孙总的秘书，由她领你去孙总的办公室吧。"

我脑子里一闪，孙总今天上午没约任何客人，这位客人是哪里来的？

在我纳闷时，客人朝我微微一笑："给你添麻烦了，不好意思。"

来客也就二十几岁，很精神，跟一部记不起名字的电视剧里的演员长得非常相像。脸上虽带着歉意，但笑容很灿烂。于是我带路领着客人到了孙总办公室。

十二点整，我正准备起身下楼吃饭，孙总来电话让我去他的办公室。我一进门，孙总就劈头盖脸地朝我大发雷霆："于雪，你今天脑子进了多少水？！你居然领着一个卖保险的到我办公室来；他死缠烂磨，浪费了我整整一个上午！"

仿佛有颗原子弹在我头顶上爆炸。我眼前一阵发黑，眼泪差点就掉下来了。我定了一下神，马上说："孙总，实在对不起，是我的失误。"

孙总见我这样，似乎也意识到他自己有点失态，便朝我挥挥手："下次别再做这样的事了。"

从孙总的办公室出来，我马上跑进洗手间。我的眼泪实在忍不住了，干脆让它流个痛快！玛丽这家伙真可恨，真恨不得在她脸上狠狠地咬一口，破了她的相，让她一辈子也嫁不出去！这家伙害我害得太惨了……

我慢慢把脸上的泪擦干，朝楼下走去。如果我当时对孙总说这是玛丽失误造成的，把责任往玛丽身上推，那又会是一种什么结果呢？我边下楼梯边想。

如果我把玛丽推出去，除了让玛丽也挨顿臭骂，对我没有任何意义。也怪我自己粗心，被老奶奶的眼泪弄得晕头晕脑的，不然不会惹孙总发那么大的火。

下午，我又把中午的事情仔细地想了想。孙总朝我发火的时候，我赶紧主动道歉是对的。在当时的情况下，我不赶紧主动道歉，而是说自己太忙，或者找其他什么借口替自己辩护，孙总的火气可能会更大更持久。在当时，孙总实际上根本就不需要什么理由，他要的就是发泄！你越给他解释，他心中的火气就越大；如果你能给自己找一千个借口，他就有一千个理由骂你！明明知道自己有了失误，反而千方百计地给自己找借口，就像在外面饭店吃饭，结账时忘了让老板找你十元钱，你又花二十元打出租车，去要这十元钱一样，是非常愚蠢的事。

俗话说"伸手不打笑脸人"，这的确是一句至理名言。当上司发火时，你赶紧主动道歉，就等于你已经举起了白旗，对方还忍心对准你开枪？就是两军交战，还有优待俘虏的政策，何况是上司对待自己的秘书。总之，先把上司的怒火压下去，把一场可能发生的风暴消弭再说；如果自己真的比窦娥还冤，之后再想办法为自己申冤也不迟。当时不管你怎么解释，上司肯定认为你的"解释"都是在"推卸责任"。

有些女秘书容易情绪化，一听到批评，特别是错误的批评，就马上当着上司的面，泪如泉涌，号啕大哭。对于上司来说，他可能会动恻隐之心，当时不会再多说什么，但是从内心来讲，他可能会更看不起这种娇气的作风。对于秘书来说，出现这种情况更加可怕。

其实，道歉并不是一件可怕的事，道歉是一种智慧的表现。由于只是偶然的失误，上司并不会把你怎样。上司发火，也只是一时之气；上司大都是比较理性的，他们对长期与自己共事的秘书的印象和评价，一般不会只凭这样一两件事就发生改变。所以，也就没有必要担心自己道歉认错后会被打入"冷宫"。

另一方面，秘书也应能够理解，上司也是人，也有自己的喜怒哀乐，秘书做错事让上司受了气，上司要发泄是很自然的，所以没有必要把上司发火的事看得太重，认为自己道歉认错就是对自己自尊心的伤害。总而言之，无论对上司还是对秘书，出现了失误就应尽快让它成为过去，否则，就会影响正常的工作。

当然，如果上司朝你发火的时候，你认为责任不在你，因此认为不必计较上司的态度，他发完火之后，你只是微微一笑，说句"我知道了"，以表示自己的开朗和大度。这你就大错特错了，因为从此你在上司的心中，将永远是一个没有责任感的秘书。

　　道歉不仅是一种智慧，还是一种品质。做错了事，主动道歉，远比那些千方百计地找理由给自己辩护的人更能得到谅解，甚至是尊敬。因为对方能从你的道歉中看到你人品中的正直和坦荡。秘书在日常工作中，总会出现这样或那样的失误，如上司问你问题，你回答得驴唇不对马嘴；上司让你找销售合同，你却给他科研报告；日程安排出现"撞车"……所以，一旦发现自己失误，就应赶紧主动道歉。学会主动道歉，对于秘书来说，应当是一种基本技能，就像要会打字，会说英语一样。

　　学会主动道歉并不难，只要诚恳就行。

09篇
要保守机密，但不能草木皆兵

⟲ 四月×日

往年的这个时候，总会有几场风沙不请自来，但今年到了这个时候还没见过风沙，对于我们北京人来说，实在是一种福分。

吃过午饭，我带小石在前台值班。

我告诉小石，在接待那些身份不明而又没有预约的客人时，一定要让他先自我介绍身份和来意；在没有了解对方身份和来意之前，你不能透露公司的任何信息给他，如××领导正在开会，或者××经理不在，到××地方出差去了，等等；但是，你的态度又必须热情大方，千万不能让对方感到一丝生硬和冷漠，因此，接待这样的客人的关键是要一气呵成……

正在这时，一位扎着马尾发型的先生笑眯眯地进来了。

"二位小姐好！"他先跟我俩打招呼，然后说，"我找姜总。"

"您好！请问您是……"

我连忙站起身向客人打招呼。今天下午姜总没约外来的客人，这是一位不速之客。

"姜总在不在？"他似乎没听见我的问话，一边问我，一边大大咧咧地朝里走。

"请问您是……"

我来到客人面前，微笑着再次问他。我第二次问你，你还不告诉我你的尊姓大名，那就太不够绅士了吧？

"你就是于雪小姐吧？"来客突然目不转睛地盯着我问。

"你肯定就是于雪小姐。姜总不在，找你也行！"

"找我？"我一头雾水，"请问您是……"

"不好意思，我是××杂志社的运营总监，刘光芒。"说着，他掏出一张名片递给我。

"我和你们姜总是哥们儿，今天过来找他也就是为了约你。"

"刘总，我能为您做点什么？"我还是莫名其妙。

"于小姐，是这样的，上个星期我们哥儿几个在打高尔夫球的时候，蓝天公司的张总说姜总有个秘书很像电视剧《现代都市丽人》里面的女主角，而我们杂志正在找封面模特，所以我今天顺路就过来了。蓝天公司的张总你认识吧？"

我点点头，张总经常来我们公司，我认识。

"于小姐，我想请你给我们做封面模特，千万别拒绝，你不仅青春靓丽，更重要的是，你身上有某些职业模特身上所缺乏的职业女性独有的气质。"

听他这么一说，我觉得自己脸上臊得慌，肯定变成了红脸关公。

"刘总，谢谢您的夸奖。不过，这事我必须向公司领导汇报后才能答复您。"

刘光芒接过小石递给他的茶，不以为然地说："这点小事有什么值得汇报的？回头我跟你们姜总打个招呼就行。下个星期我们的摄影师就会跟你联系的。既然姜总不在，那我就先走了。"

刚到电梯口，他又笑着返了回来，对我说："于小姐，我这里有两张明天晚上周杰伦在首体演唱会的票，请你们两位小姐务必赏光。"不容我们推辞，他把票往台子上一放就走了。

真是个怪人！

下班时，我和小石将刘光芒来访的事向经理和孟姐做了汇报。

"拍照的事，我回头向姜总请示一下；至于听不听音乐会，你们两个自己定。"

经理把玩着两张音乐会的票，又非常感兴趣地问："你们喜欢听这种类型的歌？"

"我非常喜欢听周杰伦的歌！"小石看来是周杰伦的忠实粉丝。

"我还可以吧。"我说，"不过，明天晚上我要上课。"

见我不去，小石也不想去了："我看刘光芒那样子，总觉得他是黄鼠狼给鸡拜年——没安好心。"

"你是觉得他另有企图？"经理笑着问。

"我一看到他后脑勺上的马尾巴，就想起街上的那些不三不四的人。我总觉得这个刘光芒是受我们某个竞争对手的委托，想利用给于雪拍照和请我们两个听音乐会的机会，抓住我们两个年轻、经验不足的弱点，从我们身上打听我们公司的商业机密。"

大家都笑了。

"小石，你平时挺喜欢看福尔摩斯的侦探小说吧？"托尼打趣地问。

经理也笑着说："小石，这刘光芒我也见过几次，他不像是你说的那种下作的人。你不用太多心。"

"不过，我倒觉得小石保持这种警惕性的精神还是值得提倡的。"孟姐对经理说，"现在毕竟是一个竞争非常激烈的商业社会，什么事都有可能发生。由于我们秘书几乎天天都在跟公司的机密打交道，而我们的秘书大多又年轻，社会经验不足，所以很容易被人利用。因此，小石这种职业警惕性是值得提倡的。"

孟姐说话总是那样不紧不慢，节奏感非常好。

"当然，我们也不能搞得草木皆兵，让人家说我们像得了神经病似的。像刘光芒这样请听音乐会的事，如果喜欢，去听听也没有什么，只要把握好什么是公司的机密就行了。"

什么是公司的机密，从字面上来看，很好把握，一切对竞争对手有用的信息都可以称之为公司的机密，但是在实际工作中又不那么好把握。

"小石，如果刘光芒在听演唱会的时候，问你要姜总家的电话号码，你告不告诉他？经理突然问小石。

"我肯定不告诉他！"小石几乎是不假思索地回答。

"那你用什么理由拒绝呢？"

小石有些为难了。如果说自己不知道姜总家的电话，作为秘书肯定是在撒谎，让人家觉得你不诚实；如果说姜总家的电话号码是公司的机密，那也未免太勉强了，因为随便就可以从别的朋友那里打听出来。

见小石很为难的样子，孟姐说："小石，你可以很坦诚地这样回答刘光芒：'对不起，刘总，姜总家的电话号码是他私人的电话，由我告诉您不太合适。'这样刘光芒是能理解的。"

"我还是不想去听这演唱会。"小石说。

"不去多可惜，这票好几百块钱一张。"经理似乎也心痛起来，"不过，这也给大家在公司保密问题上敲了一次警钟。"

"其实，我觉得要防止外人窃取我们公司的机密这事还不难，难的是要防止我们自己在平时的无意识泄密，如公司文件在办公桌上乱放，起草完文件后把底稿往纸篓里一扔，工作笔记本不好好保管。特别是女孩子们喜欢与朋友聊天，说话时可能不太注意，有时还可能喜欢炫耀，说××老总昨天晚上跟××公司的老总一起打网球，或者后天老总到什么地方出差，等等。这些说者无意，可能听者有心，因为我们的竞争对手，可能从我们公司领导跟谁打网球或到什么地方出差的信息中，寻找到对自己有用的信息；这些信息对于他来说可能就是情报，因此，今后大家在这方面要花更多的注意力。"

"如果是有业务往来的公司的秘书，与我们成了好朋友，晚上请我们去泡吧，或者唱唱歌，可以吗？"珍妮问经理。

"当然可以，不过最好和我们打个招呼。"经理回答说。

最后，两张演唱会的票给了艾丽丝。托尼问她准备跟谁一起去，艾丽丝说"这是公司机密"。

10篇
工作要主动，但不能越位

⤷ 四月×日

今天一上班，经理他们都出去办事了，办公室只有我一个人。十点左右，我正在整理档案，姜总来电话让我去他办公室。我进门一看，姜总像是刚跟谁吵过架似的，脸色非常难看。

"小于，"姜总说，"我现在口述一封给河南大新公司钱经理的回信，你写好后，马上用电子邮件给我发出去！"

姜总回信的大意是这样的：钱经理，你我两家公司打交道打了这么多年了，你怎么能做出这种背信弃义的事来呢？我公司决定断绝你我两家公司的一切关系，并且，我还要将你这份邮件公之于众，让你没办法在这个行业再混下去！

我回到座位上，按姜总的意思很快将邮件写好了。要不要将邮件马上发出去？我心里犹豫着。

很显然，姜总今天是有些情绪化，这么处理问题肯定有不妥的地方。这个钱经理上个月月初还来过北京一次，姜总请他吃饭，还是我安排的。他长得很精神，性格似乎也挺豪爽。听销售部的小郭说，大新公司是我们公司产品在河南、山东等几个省的总代理。每年的合同金额几个亿，是我们公司的大客户。如果邮件就这么发走，那可是泼出去的水收不回了！现在市场竞争这么激烈，要再找一个像大新公司这样的代理商可不容易。

可是，作为秘书，我能阳奉阴违，抗"旨"不遵吗？服从命令是军人的天职，同样，无条件执行上司的指令也是每一个职业秘书必须严格遵守的纪律。军人不执行命令可以就地"正法"，我不按姜总的指示办，那会是什么后果呢？

到底该怎么办？是将邮件发出去，还是冒着挨训斥的危险去劝劝姜总，要他不要意气用事？前几天吃午饭时，姜总自己不是也说过"做生意求财不求气"的话吗？

正在我拿不定主意的时候，孟姐和托尼回来了。我立即将事情的经过对他俩说了一遍。托尼马上跟我要过信，转身就要去找姜总。

"这事我得去跟姜总说说，怎么能这么办事呢？上次钱经理来北京，我就听他抱怨过几次，说我们经常发货不及时。这事我们也有责任嘛，怎能全怪他呢？为公司着想，我不怕得罪姜总！"

孟姐拦住了托尼："托尼，你别性急，把信还给小于，让她在下班前再去问一下姜总。如果姜总说还是要发走，那就发走。"

托尼愣了一下，似乎又马上明白了什么，不好意思地拍了一下脑门说："孟姐，还是你想得周到，我这急性子毛病恐怕一辈子也改不了啦！"

中午吃饭的时候，我忍不住问孟姐："姜总让我写好邮件后就马上发出去，你为什么要我下班前还去问一下姜总？"

孟姐也似乎知道我迟早要问她这个问题，所以没直接回答我，而是反问我："小于，你认为百分之百地执行上司的指示，就算是一个好秘书吗？"

我说："不是。对于一个秘书来说，没有'忠诚'，不可能成为一个好秘书，但仅有'忠诚'，也不是一个好秘书；一个优秀的秘书不仅要有贯彻执行上司指示的能力，也应该清楚哪些指示应无条件地执行，哪些指示不能执行。"

"那么，为了保护公司的利益，不怕挨训斥，甚至当面去顶撞上司，就对吗？"孟姐又问。

这当然不行。我说："如果当面顶撞上司，对于一个职业秘书来说，是一个绝对不能饶恕的错误。因为秘书作为上司的助手，在任何情况下，都绝对不能干预上司的决策。"

"秘书既不能对上司的指示百分之百地去执行，又不能当面去顶撞上司，干预他们的决策，所以，我让你下班之前再去问一下姜总，就是为了留一个缓冲的余地。"孟姐说。

孟姐喝了一口西红柿蛋汤，接着说："你想想，姜总也是人，他也有自己的喜怒哀乐，也有控制不住自己情绪的时候。当他火气消下去之后，他肯定会反思让你给钱经理发邮件的事。通过反思，也许他会觉得自己做得对，也许他会觉得自己过于情绪化了。所以，你在下班前去问问他，要不要把邮件发出去，这就给他创造了一个重新决策的机会。我们做秘书的，不就是为了给上司创造一个最好的决策环境吗？"

我钦佩地朝孟姐点点头。姜毕竟还是老的辣。

"其实，最重要的是，我们做秘书的应该经常了解上司的真实想法和感情。"孟姐似乎没注意我在想什么，继续说，"姜总作为公司的最高领导人，他肯定有自己看问题的角度和思维方式，他肯定经常在权衡各方面的关系和利益。就比如说河南这个钱经理吧。我们两家公司打了那么多年交道，可能早就积累了许多恩恩怨怨，只不过是你我作为秘书不知道罢了。托尼说钱经理抱怨我们经常交货不及时，也可能姜总抱怨过钱经理经常不执行我们公司统一的价格政策，打乱了我们的市场总体部署。总而言之，我们公司与大新公司之间的矛盾，肯定不是今天上午才发生的，姜总想这个问题肯定也不止一两天了，所以钱经理的邮件，也可能仅仅是点燃了一根导火索而已。我们做秘书的，为了公司的整体利益，当我们发现什么问题或有什么新的设想时，应当及时向上司提出来，但是，在我们提出自己的设想或忠告时，应全面地了解各方面的情况。在不明白上司的真正想法之前，我们这些做秘书的，也仅仅是上司的助手，不要去想当然，更不能去顶撞上司，干预上司的决策。小于，你要记住，我们做秘书的，既不是公司政策的制定者，更不是公司的最后决策人。"

　　快要下班的时候，我到姜总办公室，将打印出来的电子邮件递给姜总，问他要不要把给钱经理的邮件发出去。姜总当时正在打电话，只是挥手示意让我把邮件放在他的办公桌上。当我转身离开的时候，姜总用手捂住话筒，笑着对我说："小于，谢谢你。"

11 篇
秘书就是公司的"万金油"

◎四月×日

今天的风很大，天空有些阴沉，像有点风沙。

下个星期就是五一假期了。如何度过这个假期，公司上上下下似乎都在盘算。一般的人，特别是年轻人，基本上都准备在北京周边地区旅游或搞些体育活动。对于秘书部门的人来说，不仅要安排自己在这期间的活动，还得为公司领导的出行做准备，而且准备工作一点也不能马虎。

姜总是国际高尔夫球俱乐部的会员，他要先到密云待两天，然后去香港和东京；孙总要在北京的长城饭店参加一个国际投资研讨会；李总的老家在山东，准备带孩子夫人回老家探亲；刘总则要带着全家去云南丽江旅游……

我们负责帮他们订旅馆和飞机车船票。订票订旅馆也是我们秘书部门日常工作以外的一项重要的工作。好在我们有固定的旅行社帮忙,除了个别的行程要临时更改安排,大部分票务工作和旅馆预订早已委托旅行社安排好了。我主要是负责日程安排,艾丽丝统一落实飞机票,玛丽负责旅馆预订,小石负责火车票。

正当我们手忙脚乱的时候,玛丽的电脑出毛病了,可能是染上了病毒,老是死机,她让我帮她看看,我鼓捣了一阵子也没办法,只好给公司数据中心打电话求援。

不一会儿,数据中心来了个瘦高个男生,是公司新招聘进来的,据说是清华大学的硕士生,在电梯里见过几次,叫祁斌。他三下五除二就把玛丽的电脑弄好了,说是玛丽在下载资料时按错了一个键。

玛丽连忙道谢。

"你是新来的吧?"玛丽客气地问。

"是的,我上个星期才上班。你呢?"祁斌问玛丽。

"一年多了。"

"你学的是什么专业?"祁斌这么问,似乎是觉得,对于搞技术的人来说,这种死机现象不应该成问题。

"文秘专业。"玛丽很少对外人提起自己的专业。

"秘书也有专业吗?"祁斌似乎是第一次听到世界上还有个文秘专业,显得很惊讶。但他马上意识到了自己的失言,连忙说了句"有事再打电话"就走了。

玛丽幽怨地看了我一眼，文秘专业被一些人看不起，似乎是我这个做师姐的错。可我们学文秘专业又有什么错呢？

其实，不只祁斌，在我们公司，还有社会上的许多人，他们都看不起文秘专业。在他们眼里，秘书工作没有一点职业特点，既不能像销售人员那样用销售业绩来证明自己的工作能力和成绩，也不能像研发人员那样在技术图纸上自豪地签上自己的大名；在他们眼里，秘书工作就是"打杂"，把它比作万金油并没有错。与鹿茸人参这些药材相比，它既不名贵，也没有特效。但是，人不能一天到晚都吃鹿茸人参吧，也不能是病就吃鹿茸人参吧？而在辅助治疗伤风感冒等常见病的时候，万金油既便宜又方便。从这个角度来说，万金油和鹿茸人参一样也是药。

一个现代企业，就像一辆高级轿车，虽然秘书在企业中的作用既不是发动机，也不是方向盘，只是一点润滑油，但不管你是奔驰还是宝马，如果你只用汽油而不用润滑油，你能开得动吗？联想公司的广告词是"人类失去了联想，世界将会变成怎样"，试想一下，假如一个公司没有了秘书，那它又会变成怎样？

中午吃饭的时候，在十九楼一家法国公司上班的师姐龚娜告诉我们，她们公司一个才来两个月的秘书被提拔为人事部的副经理了。

玛丽问她怎么升得那么快，龚娜说这人原来是人大的硕士研究生，进公司后，部门经理安排她专门处理用户给老板的邮件。她没有丝毫怨言，每天只是认真地阅读每一封用户给老板的来信；通过了解用户的建议和批评，她每个星期都要给老板写一封改进公司营销和管理的建议。由于初来乍到，不了解公司的实际情况，她的建议缺乏可行性，大多没被采纳。上星期人力资源部的副经理准备休产假，老板马上把她调去填补了这个职位的空缺。

有人质疑法国老板的做法。老板反问："她既有相当的专业知识，又有这么扎扎实实的工作作风，难道还不能胜任这份工作吗？"

由于秘书工作就是"打杂"，了解的情况多一些，接触的工作面也宽一些，因此，在视野和经验上，比只在一个部门工作的员工相对要占一些优势，再加上领导对秘书的了解和熟悉，所以，秘书比一般的员工升迁得快一些，实际上是很正常的。另一方面，由于秘书工作涉及面广，时效性强，加上领导的要求高，许多"打杂"的工作给秘书造成很大的压力；也正是这种压力，给他们提供了快速成长的环境和条件。因此，打杂也有打杂的价值，问题是你自己有没有能力发现它的价值，并将这种价值提升，变为自己工作的动力和追求的目标。

人们常说，部队是个大熔炉，能锻炼人和培养人。从某种意义上来说，秘书部门也是个大熔炉。秘书工作平凡而又繁杂，秘书就像个战士，通过这种单调而又艰苦的训练，能去掉一般女孩子身上那些娇骄之气，养成吃苦耐劳的习惯，培养对工作和对社会的责任感……记得去年玛丽刚进公司时，第一次让她去给几个东北客人端水，事后她说当时觉得委屈，直想哭。如果一当秘书就想当"高级秘书"，不做小事，做大事，那不是真正的秘书，充其量可以叫作花瓶。

12 篇
一定要让对方把话说完

⌒五月×日

　　过了五一假期，阳光就变得那样明媚，春风是那样柔爽，让人感到生活是那样美好。

　　五一节前，经理让珍妮、玛丽、小石和我四个人利用节后的双休日，参加一个"高级秘书研修班"，连续两天。今天是第一天。当我走进挤满了上百人的大教室时，心里有一种重新回到学生时代的亲切感。

　　今天上午老师讲的是"秘书交流的技巧"。

　　"我们首先来讲'听'的问题。我问你们，你们是不是觉得自己一生下来，就在听别人说话，所以，就认为'听'是一件很容易的事？"老师大声地问。

　　"是。"后排有几个男生回答。

"不！如果要做到既听'懂'，又听'好'，是件非常不容易的事！"老师讲课非常投入，不像我们在学校时老师讲课那么慢条斯理。他说："我先讲一个小故事。这个故事发生在美国。一个非常有名的电视节目主持人，在电视节目现场随机采访一个六岁的小男孩。

"'杰克，你长大了想干什么？'主持人问。

"'我……我长大了想当一名飞机驾驶员。'这男孩想了很久，有些结结巴巴地回答。

"'如果你驾驶的飞机在大海上空飞行时，你突然发现你飞机油箱里的燃料不多了，不能飞到任何一个机场了，你打算怎么办？'主持人问。

"这小男孩思考了几分钟，之后回答说：'我会要所有的乘客系好安全带，然后我就带着降落伞跳出去……'在直播现场的所有观众都哈哈大笑。假设，当时你也在现场，你会不会笑？"

老师指着坐在前排的一个男生问。

"我肯定也会忍不住要笑的。"那男生站起身回答。

"你为什么觉得可笑？"老师咄咄逼人地问。

"因为这小男孩的回答充满了童趣。第一，他还不懂作为一个飞行员，不能抛下乘客独自逃生这一职业道德；第二，他如果真的要一个人逃生，他就不应该跟乘客打招呼告别。"

"你们大家都赞成这位先生的看法吗？"老师重新回到讲台

中央，大声地问全班同学。

"同意！"有许多人回答。

"也就是说，你们都认为自己真的听懂了这小男孩的话里的真正意思？"

听老师这么一反问，台下没有几个人说"是"了。

"不！"

老师看上去不单是激动，更多是愤怒！虽然他穿的是白衬衣，打的是黄领带，但他那神态就像哪座庙里泥塑的赤目金刚！

"不！你们一点也没听懂！一点也没听懂！"

教室鸦雀无声。

"当时，这位主持人并没有笑。"

老师的情绪很快平静下来。

"他凭直觉感到，独自逃生并不是杰克的真正意思。他要等待。慢慢地，他发现杰克流眼泪了。于是，他问杰克：'你为什么要一个人跳出飞机？'

"杰克回答说：'我要马上去找燃料；找到燃料后我要回来！'

"'我要回来！'这才是杰克的真正想法，你们当中有谁，有谁真正听懂了杰克的这个意思？！"

我们既感到震撼，又感到豁然开朗。

"连一个六岁的小男孩的话都不那么容易听懂，你们还认为'听'是一件很容易的事吗？"

老师指着前排一个戴眼镜的女生问："你认为应该怎样才能真正听懂别人说的话？"

可能是不好意思，女生站起来后没有回答老师的问题。

"要'听'懂对方说话的真正意思，就必须让对方把话说完。让对方把话说完，知道吗？让对方把话说完不仅能完整地听懂对方的意思，而且也是对对方的尊重，表现你的涵养。作为秘书，涵养非常重要。"

老师早已换成一副亲切的面孔，笑着说："另外，如果你是在进行商务谈判，你就要让对方多说，让他把想要说的话都说完，他把话说完之后，就会产生一种'黔驴技穷'的恐惧心理；相反，你就可以从从容容地从对方的话中找出破绽，进行攻击，后发制人。"

台下有几个男生笑了起来。

"但是，我想问，在座的各位秘书先生和秘书小姐，你们都养成了听别人把话说完的习惯了吗？"

真是不问不知道，一问吓一跳。作为秘书，我们在实际工作中似乎都犯有这种毛病——不论是在接受上司指示的时候，还是在与客人交谈的时候，只要一遇到没有听懂的地方，马上就会插话，似乎不马上问个明白就再也没有机会了似的；有时虽强忍着让对方把话说完了，但当对方的话音刚落，我们的提问就像机关枪子弹似的朝对方射了过去，不给对方一个喘息的机会。

如果仔细反思，在我们秘书的日常工作中，从打电话到端茶送水，有多少类似于不让别人把话说完就提问这样不注意细节的小毛病？细节就是质量，而质量就是生命，这是现在连每个工厂里的工人都知道的道理，可在我们这些号称白领的秘书的头脑里，有多少人树立了"秘书工作质量"这个观念？对现在工厂里的工人来说，如果他们在工作中马马虎虎，产品出现质量问题，在市场上卖不出去，他们拿不到工资，他们就会下岗。如果我们当秘书的再不注意工作的质量问题，将来会不会也面临下岗的问题呢？想想真可怕！

"在与上司或客人交谈的时候，如果遇到没有听懂的地方，可先把问题记在纸上，待对方把话全部讲完之后，再慢慢地把问题一个一个地提出来，这样不仅效果会好得多，而且双方的关系也会更融洽。"

课间休息之后，老师讲如何"听好"的问题，主要是强调在对方说话的时候，要注意力集中，不要老想别的事情。

"在听别人说话的时候，你最好看着对方的眼睛，这是'听好'的最大诀窍。特别是当你与你的老板谈话的时候，你看着他的眼睛，他会觉得你信任他，尊重他，因此，他也会对你产生一种自然的亲近感。当然，让你看着对方的眼睛，不是让你死死盯着他，眼睛一动也不动，那样人家还会以为你要吃了他。"

老师的幽默，引起台下一阵哄笑。

"另外，在听别人说话的时候，你要有所表示。当对方说到关键的时候，或者快要说完的时候，你点点头，小声附和几句，让对方知道你是真正听明白了；如果对方滔滔不绝地说着，你无动于衷，或者显得非常紧张，对方也会兴趣索然。记住，无论是在接受老板的指示，还是听取客人的情况介绍，当他们说完之后，一定要重复一遍他们说话内容的重点，特别是约会的时间和地点等，这样既可避免出现差错，也向对方表示了极大的尊重。"

老师喝了口茶，看了看手表，离下课还有几分钟，就笑着说："最后，我还要送在座的各位秘书小姐几句。在老板给你们指示的时候，不管自己是不是真正听明白了，在老板说话每次停顿的时候，你最好点点头，说个'是'，这样，对于你的老板来说，是一种很好的心理享受，因为他既感受到了你的活泼与妩媚，也感受到了你的放心与可靠。"

台下许多人笑起来了。

我们虽然也经常参加一些培训班，但今天受益最多。

我们每个人从小就会说话，就像我们每个人从小就会走路一样。有的人跑一百米要十五六秒，而有的人只要十秒或九秒多。一百米跑十秒或十五秒，在跑步的姿势上没有什么本质的区别，它们的区别仅仅在一些细微的小节上。但就是这些细节，将我们这些凡夫俗子与世界冠军拉开了距离。

13篇
秘书没有权力选择老板

五月×日

中午吃饭时，玛丽问我："你知道隔壁汤姆公司新来的秘书罗茜前天被炒鱿鱼了吗？"

我说不知道，于是玛丽把昨天从她朋友那里听来的故事说给了我听。

罗茜的老板是个典型的工作狂，而且非常霸道。他向罗茜交代工作时，总是用一种不耐烦的口气说话："打一下这个！"或"复印三份！"从来不会说"请帮我打一下这个"或"劳驾帮我把这个复印三份"。罗茜非常不习惯上司这种封建家长式的工作作风，这总让她想起电影里那些大军阀或土匪，因此，每次接受工作之后，她都要在心里骂一句："我是秘书，又不是你的丫鬟！"

上周星期四下午，老板路过她办公桌时，将一份文件往她桌上一扔："复印三份！"她怀着一肚子怨气把资料复印完了，给老板送去时，老板正在打电话。老板看她拿着复印好的资料进来，眼睛眨也没眨一下，于是罗茜心里的怨气更大了，便把复印件也往老板的办公桌上一扔。没料到文件撞翻了老板办公桌上的水杯，搞得满桌子到处淌水……她最终被炒鱿鱼了。

唉，谁让罗茜摊上这么一位军阀型的老板呢，她的遭遇的确是有些让人同情！但是，作为一个秘书，这个结果也可以说是她咎由自取！

没有上司就没有秘书这种职业，可以说秘书就是为上司而存在的，这一点决定了秘书的附属地位。现实中只有上司选择秘书的权力，没有秘书挑选上司的机会。因此，作为秘书，必须一切以上司为中心，尽可能地适应上司的工作习惯和作风。

每个上司都有自己的价值观和工作习惯，这是他们的自由和权力。其实，像罗茜的上司这样"霸道"虽然有点特别，但并不"古怪"。他作为一个企业的领导人，要求自己的秘书帮自己处理一些琐碎的工作是很正常的，只不过是为了提高工作效率或独特的习惯，有时指示简略一点罢了。当然，罗茜作为秘书，在执行上司的指示的时候，也有权要求上司的指示是明确清晰和完整的，但是，如果是出于效率或习惯等方面的原因，上司的指示就是简短的甚至粗鲁的，那罗茜也只能自己慢慢去适应。

领导们不仅有独特的工作习惯，在他们身上自然也少不了各种毛病和缺点，因为他们都不是圣人，因此，作为助手的秘书，只要这些缺点不影响自己的工作，就应给予宽容。比如，一些上司就偏爱那些不学无术、专爱溜须拍马的下属，作为秘书，你可以看不惯，但你不能把自己的厌恶表达出来，甚至试图用"忠告"来改变上司的看法。

当秘书还不适应自己上司的工作习惯或工作方法时，重要的是要尽快调整自己的心态，使自己尽可能地适应上司，而不是埋怨上司或试图改变上司，甚至急急忙忙地去变更上司。天下上司一般"黑"，变更上司没用，更何况秘书也无权选择上司！

要适应上司的工作习惯和作风，秘书就必须改变以"我"为中心的思维模式：一有问题，不是首先想到"我"应该如何如何，而是要想到自己现在是个"秘书"，想到"秘书"的职责。秘书不仅应能适应，更重要的是去理解上司。罗茜的上司像电影里那些老军阀，封建家长制作风严重。其实，这种外表盛气凌人的上司大多内心脆弱，也就是人们常说的"外强中干"。他们大多也并不喜欢自己的家长制作风，只是由于某种原因，造成了他们的自卑心理，再加上不善于沟通，所以他们才显得很霸道。他们的粗暴态度只是一种习惯，并不是针对秘书个人，更不是看不起秘书或有意侮辱秘书，所以秘书就不要计较那么多，更不应该针锋相对，以牙还牙。

每个上司都是有血有肉的活人，如果说他们身上有许多毛病和缺点让你不能适应甚至讨厌，那么他们身上肯定也有许多闪光点让你敬佩。随着接触的增多，你可能会发现这种"霸道型"上司并不很难打交道。通过仔细观察，你可能会觉得上司很正直，从不背后整人。由于有了这种发现，你会慢慢能够理解和适应上司的工作方式，当你以一种真诚、负责、耐心的心态对待他，他对你的态度也会慢慢发生改变。所以，秘书应放弃用批判的眼光去看待上司，而应用积极的眼光去寻找上司的优点，这样你不但工作会不断进步，心情也会越来越好。

　　秘书不仅要适应上司的工作作风，还要加强学习，尽量用自己的能力弥补上司的短处。如果你与人为善，宽厚待人，那么，大家都会信赖你，都会愿意与你一起工作。对于那些因霸道而把自己的人际关系搞得一团糟的上司，他们会更加信赖你。

14篇
"秘书"被妖魔化是一种无奈

北京的春天实在太短暂了，没有几天工夫，气温就像火箭一样直往上冲，今天中午完全可以用"骄阳似火"来形容了。好在北京昼夜温差大，早晨出门上班的时候，还感受不到炎热的威胁。

上午孙总去中关村的先创公司谈判，所以我在前台值班。预约的客人不多，我便取出上个星期孙总到四川出差的票据，开始一张一张地整理。

十点，美国 C 公司北京办事处的文小姐打来电话，说他们的首席代表刚接到美国总公司的紧急通知，必须在这个星期天之前返回纽约。所以，原订于下个星期二与孙总的会谈，希望能提前到这个星期五，也就是明天，或今天下午也行。否则，会谈只能无限期延迟，请孙总于今天中午十二点之前给予确认。

怎么办？

孙总今天和明天的日程已经排得满满的，可与C公司的合作又非常重要，据说马来西亚的一家公司也在与C公司谈判，如果不尽快落实，我们可能就要前功尽弃。可是，这是不是C公司在玩欲擒故纵的游戏呢？

正当我在琢磨这事的时候，销售部的金经理来找孙总，说他打孙总的手机打不通，孙总已关了手机。我说孙总正在谈判，问他有什么事急着找孙总。金经理说上海那边来电话，上海这几天正在刮台风，我们帮安徽国雄公司进口的一条生产线设备下不了船；安徽那边来了几个电话，说他们开工典礼都准备好了，市里许多领导要出席，就在等我们这条生产线设备；如果这条生产线不能按时到货，开工仪式就得推迟；用户很着急，说政治上的损失远大于经济上的损失，如果有可能，请孙总去趟安徽，与对方协调一下。

我把金经理的意思记录下来。

十一点整，孙总该开手机了，我正准备给孙总打电话，孙总的电话打过来了。他说他正在往回赶，现在塞车，堵在三环路上；他与先创公司的谈判很顺利，让我赶紧起草合作协议，下午一上班就交给他；再就是跟姜总请示一下，今天下午三点以后有没有空，如果有空，他想向姜总汇报与先创公司合作的问题；我想向他汇报美国C公司的事，他马上打断我的话，说等他回公司再说，他现在还要把先创公司的项目再细想想。

这份协议将近1万字，要在下午一上班就做好交给孙总，我还得加紧赶。好在现在的软件有模板功能，前些天做了一个公司合作协议的专用模块，我只要将过去的谈判备忘录上的内容，按模块的要求往里粘贴就行，于是，我赶紧从电脑里调出以前与先创公司谈判的备忘录，起草与先创公司的合作协议。

　　我刚开始起草协议，一个四十多岁的客人进来找孙总，说是孙总大学时的同学，出差路过北京，想与孙总叙叙旧……

　　当秘书就是这样！闲的时候虽闲，可忙的时候真忙！这边还在接客人的电话，那边上司又给你派活儿了；这个部门的事刚要协调，那边的客户又要更改已安排好的日程；他一改，所有的日程安排都得跟着变……

　　哪些事我该先做，哪些事可以往后推？客人的哪些话是真的，哪些话不可全信？哪些事必须由上司自己决定，哪些事我应该根据实际情况自行安排？……在这种繁忙杂乱的工作中，我真恨不得自己变成《西游记》里的妖怪，长出十个脑袋一百双手来，让它们帮我干活，帮我想问题。

　　到晚上快九点的时候，我才把活干完。来到大街上，发现今天晚上的夜色特别美：白天喧嚣的车流已像潮水一样慢慢退去，显得静谧安宁。迎着习习的晚风，我想慢慢地走走，一是享受一下这温馨的夜景，二是活动活动坐了一整天的筋骨。

　　"小雪！"

　　有人在叫我。我一看，自己不知不觉来到了建国饭店门口，门口正停着一辆出租车，车里伸出一个圆圆的脑袋。是刘大民，过去的老街坊，从小学到高中的同学。

"还在为人民服务？"我开玩笑。

"对，我还在为人民币服务。"说着，刘大民拉开车门让我上车。

"我可没带钱。"我笑着说。

"过去我没有学习英雄先烈的机会，今天就让我舍己为人一次吧！"

跟电视剧里的张大民似的，刘大民也是天生的贫嘴。

"才下班？"

我点点头。

"都九点多了！这是什么公司，老板心肠这么黑，剥削你到这个时候？"大民装出一副义愤填膺的样子，"做什么工作？"

"当文秘。"

"什么？给人家当小蜜？"大民笑嘻嘻地说。

他的嘴怎么还是这么脏？！我的心情一下子让他搅坏了。我让他停车，我不坐他的车了；他也意识到自己的玩笑开过了，连忙装出抽自己嘴巴的样子。

回到家里，马上洗澡，可是不管用水龙头怎么冲，也冲不去脑海里"小蜜"这个词。洗完澡，习惯地拿出《写作原理》，想温习一下专升本的课程，可怎么也看不下去，只好来到客厅，陪老妈看电视。老妈正在看一部流行的电视剧，言情加商战：一个有着公主般高贵气质的女秘书，陪着老板在一个豪华的包间款待客人。不久，老板借故离去，包间里只剩下女秘书和那个大腹便便的客人……

什么乱七八糟的！我心里烦透了，回到自己的房间，关掉灯，强迫自己躺下。其实，做秘书两三年了，听到别人给自己的职业这么"崇高"的评价，也不是第一次了。去年春节中学同学聚会时，一个在清华读博士的男生就开玩笑说"秘书学校毕业的女生，将来全部会成为'office wife'（办公室妻子）"。那时没在意，可是，今晚我却觉得自己特别委屈，感到特别烦，心里像吞了只苍蝇似的，想吐吐不出。职业被妖魔化是文秘的一种无奈！

我们这些职业秘书，既像护士那样劳累，又像教师那样操心，可是为什么从刘大民这种布衣百姓，到那些号称天之骄子的博士，都这么糟蹋我们的职业？撇开他们这种玩笑和娱乐的成分，秘书作为一种正当的社会职业，为什么长期以来在普通人心目中的形象，也总像是云雾缭绕的庐山，横看成岭侧成峰，远近高低各不同？有人觉得，秘书长相漂亮，地位显赫，出尽风头，可在另一部分人的眼里，秘书缺乏个性，默默无闻，专为人做嫁衣裳……

清澈如水的月光从窗口洒了进来。摇曳的树叶在月光中婆娑起舞；一片淡淡的云彩遮住了月亮，不一会儿月亮又露出了诡秘的笑脸。这张笑脸又让我想起刘大民那张笑脸。

唉，都是月亮惹的祸！

15篇
工作中既要想自己，又要想对方

⟲ 五月 × 日

今天上午是小石在前台值班。由于不熟悉情况，差点出现失误。

九点刚过，有客人来找姜总。

"请问您是……"小石很热情地招呼客人。客人看上去已年过花甲，没有预约，也不自我介绍。

"我要找姜总说点事。"客人径直往里走。

"对不起，请问您是……"小石来到客人跟前，仍然是笑吟吟地问客人姓名。

"小姑娘，你是新来的吧？"见小石挡着自己的路，客人有些不高兴了，"我姓焦，如果姜为民不在，找孙振东也行！"

姜为民就是姜总，孙振东就是孙总。小石被客人这种说话的口气震住了。她连忙说："对不起，请稍等。"便跑进来要我出去帮她看看。

"焦总，原来是您！好久不见了，身体还好吧？"

见是焦总，我马上跑过去向他问安。焦总是公司的元老，我们公司中方派出的第一任董事，去年年初办的退休手续。

焦总态度也缓和了些。他说他有些想法要跟姜总谈谈。"前天晚上我给姜总打电话，他说他这几天不出差，所以我今天就过来了。"显然，他还怕我找借口不给安排。

"焦总，实在不凑巧，姜总正在跟几个法国人谈判。您在休息室喝杯茶，稍等一会儿行吗？我这就去通知姜总，说您来了，看他什么时候能跟客人谈完。"

"好，谢谢你小于。"

焦总又指着小石说："这新来的小姑娘挺认真的嘛。"他的意思很明白，是批评小石有眼不识泰山。

下午两点多钟，安徽国雄公司的关总来电话。

"你是小于吗？我是安徽的关勇，我想跟孙总通通话。事情是这样的，我们委托你们公司进口的那套生产设备，现在压在上海港口，卸不下来。给你们进出口部的人打过几次电话，他们似乎不太积极，所以，我想与孙总通个话，请他给进出口部的打个招呼。我们这里的开工典礼都筹备好了，要是设备这个星期运不到，领导们看不到东西，白跑一趟，那就要我们的命了。"

这事昨天金经理已经向孙总做了汇报。这是无可奈何的事，再急也没用。

"关总，您别急。"我说，"孙总刚刚散会，我马上就去找他，你稍等，请别挂电话。"

我到孙总的办公室向他说了关总的情况。

孙总说："刚才进出口部的人也给我打了电话，说天气预报说台风最迟明天就会过去。你说这个电话我还接吗？"

我第一次见到孙总犹豫不决。我能理解，接吧，也帮不上忙，解决不了问题，解释也是多余；不接吧，多年的客户，多年的朋友，而且还是安徽老乡。

"小于，还是你帮我处理一下吧。"孙总犹豫了一阵后说。

回来到自己的座位，我拿起电话筒对关总说："关总，实在对不起，几个办公室都找了，没见着孙总；等我见了他，我一定会把您的情况向他汇报。"

"谢谢，请你一定帮忙。"那边关总把电话挂了。

为了保证公司领导能集中精力静下心来考虑一些大事要事，或者协助上司处理一些他们不想处理的事，秘书必须帮上司"过滤"一些来电来访。有时候，有些部门对一些既不能答复又不能回绝的电话或客人，也会推到秘书部门来。"挡驾"也是我们秘书的一项日常工作，而且是一项非常重要的日常工作。一个优秀的职业秘书应该对自己的上司比较熟悉；如果了解他的人际交往范围、思维方式、工作方法和价值观念，在一般的情况下都能判断自己是不是应该"挡驾"和用什么方法"挡驾"。

"于雪，今下午孙总没开会，你为什么在电话里说孙总'刚刚散会'？"

"这就好像打仗一样，一有情况，我就得赶紧给自己找一个制高点，可以做到进可以攻，退可以守。"我开玩笑说。

"进可攻，退可守，是什么意思？"小石问。

"因为这种电话来得突然，我吃不准孙总到底是不是愿意接，所以，我说'刚刚散会'，就是给自己留下一个可以回旋的余地。我把对方的情况向孙总汇报，如果孙总愿意接电话，我就可以向对方说，我刚找到孙总，把电话转给孙总；如果孙总不愿意接，我就说还没找到孙总。"

"那说'孙总正在开会'不一样吗？现在大家都用这个借口。孙总愿意接，他就出来接；孙总不愿意，你就说孙总开的这个会很重要，走不开。"

"小石，你从对方的角度来考虑试试？如果你打电话找对方的老总，对方说自己的老总开的会很重要，他抽不开身，不能接你的电话，你会怎么想？你肯定会有些不痛快，心里会想：第一，你们的会就一定那么重要吗？我这边都火烧眉毛了，你们还能无动于衷吗？'用户第一，客户至上'的口号到哪里去了？第二，你们的会再重要，中断几分钟，接个电话，天就会塌下来吗？如果是这样，就有可能把双方的关系弄僵。所以，我们做秘书的一定要养成换位思考的习惯，在工作中既要想到自己，又要想到对方。"

"这就是说，秘书和上司，像唱戏似的，一个唱红脸，一个唱白脸，是吧？"小石问道。

"小石，你理解完全错了。"我说，"秘书在这里，既不唱红脸，也不唱白脸。秘书虽然撒了谎，但绝不是为了欺骗。给上司'挡驾'，一是因为上司太忙，二是上司可能有苦衷。所以，'挡驾'不是为了断绝外交关系，而是为了取得对方的谅解。如果老是抱着唱红脸的想法，会把所有的人都得罪光的，那你这个秘书也就没法做了。"

"看来当秘书还得学会撒谎。"小石似乎深有体会。

看得出来，因为当秘书的时间不长，小石还不能品出其中三味。这不能叫撒谎，应该叫婉转拒绝的艺术，因为这在保护他人的面子的同时，也保护了自己的形象。

16篇
不许说"你找我有什么事吗"

六月×日

今天是星期五，下午四点开始，我们部门开例行的工作小结会。

"铃……"小石的电话铃响了。

"是我。你找我有什么事吗……我正在开会。"说着，小石就把电话挂了。

会开完了。

经理问："小石，刚才是谁来的电话？"

"是我表哥。"

"哦。"经理点点头，之后对大家说，"你们大家都给我记住，作为秘书，你们永远不能说'你找我有什么事吗'这句话！小石，刚才即使是你表哥，你也不能这么跟他说话。"

"我表哥他非常无聊……"小石想分辩。

"作为秘书，就不能养成这么说话的习惯！"

经理打断了小石的话。

"不管是打电话还是直接上门来，客人找你肯定就是有事。没事他找你做什么？不管是什么事，作为秘书，你都要热情接待。你问客人'你找我有什么事吗'，表面上是很礼貌，实际上是一种冷漠，而且是从骨子里透出来的冷漠。你们可能没享受过这种'待遇'，没有这方面的体会，而我是深有体会的！就是在前几天，我到一家公司去，对方的秘书小姐也是这么问我，让我感到非常别扭，觉得自己是个小偷，还没进门，就要接受盘问。其实，她只要稍微换一种口气，问'你找我是什么事'，我心里就会好受得多！"

"我想补充一点，"孟姐接着经理的话题，不紧不慢地说，"还有一些秘书喜欢问客人'你预约了吗'，这种说法跟'你找我有事吗'一样，容易让客人反感。客人没有预约不请自来，那是他们没有礼貌。你用'你预约了吗'这种方式问对方，就跟问'你找我有什么事吗'一样，让对方感受到的是一种冷漠。客人既然上门了，你再问预约没预约已经没有任何意义了，作为秘书，你就得无条件地热情接待，不能因为他们没有预约而怠慢他们。"

"没有预约，怎么接待？"小石认真地问。

这应该是常识，但孟姐还是很认真地对小石说："首先要弄清来客的姓名、所在的公司或单位，有什么事情。如果客人点名要与某某见面，就应当立即与当事人联系。但是，在联系好之前，不要给客人肯定的答复，因为当事人可能不在，也可能不愿见这位客人。如果是不愿见这位客人，那你就要这样答复人家：'实在对不起，某某不在……'这样，你就不至于给客人留下一个缺乏诚意、为人冷漠的印象了。"

"对！"经理说，"秘书最可怕的就是冷漠，最可贵的则是热情。有热情才有亲和力。如果你们几个要问自己是否已成为一个合格的职业秘书了，那你们就先问问自己身上有没有这种亲和力。"

"头儿，什么是亲和力？"玛丽有意将经理的军。

"亲和力就是与人为善，助人为乐，在保持自己心身愉快的同时，让你周围的人也感到愉快，使他们愿意且喜欢与你一起工作。"

经理似乎也没好好琢磨过"亲和力"这个词的确切含义。与做理论家相比，秘书更应该是个实干家。

"亲和力也可以说是一种氛围，在帮助别人的同时，自己肯定也会在工作和情谊上得到别人的回报。"

我觉得，亲和力的准确含义是什么并不重要，重要的是秘书身上必须有亲和力。秘书部门是一个企业的神经中枢，上传下达，左迎右送，都是秘书的工作。几乎秘书的每项工作，从收集信息到给上司安排工作日程，都需要各部门和各部门的协助配合，没有亲和力，就很难得到周围人的全力配合。

　　确实，秘书在公司里的位置是有些特别。有些秘书一方面由于工作能力强，又善解人意，很受上司的欣赏，所以，秘书的地位在无形之中上升了；另一方面，由于秘书能经常优先获得公司的内部机密，甚至是最高机密，比如公司在开事务会议时进去送茶，就可能听到某某要调到什么地方当总经理之类的消息，一些部门的人也会因此而对秘书另眼相看，甚至相当羡慕。因此，一些秘书在不知不觉中，也会产生一种优越感。但是，如果一个秘书在工作中，一天到晚总是带着这种优越感，以睥睨一切的目光看待别人，永远摆出一副事不关己的样子，让别人总觉得自己是在求秘书或打扰秘书，秘书的工作还能做好吗？特别是在秘书部门内部，如果秘书脸上总是露出一副戴着假面具一样的表情，即使再有能力，一样会影响团结、破坏大家的情绪。一个成功的秘书，总是三分做事，七分做人。

　　前几天，在十三楼一家美国投资银行当秘书的师妹就被老板炒掉了，理由就因为她是个"冷面美人"。客观地讲，她的工作能力相当强，老板交代的事从来不用老板再操心，人更是长得漂亮，可她自视甚高，加上感情上被在美国哈佛留学的男朋友伤害过，所以对待各部门的人和外来的客人总是带着几分警惕与不屑。慢慢地，由于不能与各部门配合，老板也发现并意识到事情的严重性，也只好让她另谋高就。

"当秘书最可怕的是冷漠。一个冷漠的秘书，就像一个麻风病人，你不愿意理人家，人家更不愿理你，而且离你越远越好。这样的人还能做秘书吗？"经理最后说。

下班的时间到了，大家收拾东西准备回家。

"玛丽，你知道怎样做一个可爱的女人吗？"托尼开始跟玛丽瞎侃，"我可以教你秘诀。"

"我不知道。"玛丽冷冰冰地说，"我也不想知道。"

"托尼，你说说看。"珍妮挺有兴趣。

"这个秘诀就是十九八七六五四这几个字。"托尼卖关子。

"十九八七六五四，怎么理解？"珍妮问。

"十就是十分热情，九就是九分独立，八就是八分智慧。"

"为什么不能是十分智慧？"珍妮问。

"这还不明白，因为太聪明的女人会让人感到害怕。女人最好是在聪明里带一点点傻气。"

"瞎说。"珍妮接着问，"那么七呢？"

"七就是七分灵气，六就是六分浪漫。五就是五个工作日，就是说女人必须有工作，如果女人没有工作，就不会显得可爱。"

"那么四呢？"

"四嘛，"不知托尼是真的忘了，还是本来就在瞎编，"四就是有四个爱你的男人。"

"哇，太幸福了。"珍妮被托尼逗乐了。

"珍妮，别晕过去了，你还得挤公共汽车回家。"

玛丽给珍妮头上浇了一桶冷水。

17篇
随时保持充沛的精力

六月×日

天气越来越热，人似乎也变得越来越容易疲乏。

中午吃饭时，玛丽问我，今上午见到孙总没有，我说见到了。她又问孙总说什么了没有，我说孙总当然说了许多，但与你玛丽没有什么关系。她忙说那就好。这引起了我和珍妮的好奇心，问怎么回事。

玛丽说昨晚跟男朋友在"唐朝"酒吧约会的时候，碰见了孙总和他的一个朋友。慌乱之中，玛丽先把孙总介绍给自己的男朋友，再把自己的男朋友介绍给孙总。出来之后，她的男朋友说她把次序弄反了。按规矩，在相互介绍时，应该是先把晚辈或职位低的介绍给长辈或职位高的，之后才把长辈或职位高的介绍给晚辈或职位低的。而她的介绍顺序是对孙总的不尊重。

当着客人的面孙总没批评她，明天上班后肯定会挨训的。我说孙总今天上午很正常，可能是太忙，根本没往这方面想。

听说孙总根本没提她那档子事，玛丽让我和珍妮吃过饭后陪她去逛街。

"你和珍妮去吧，"我说，"中午我要休息一会儿。"

"我也有点事，你找艾丽丝陪你去吧。"珍妮也不愿去。

"艾丽丝一到中午就与十一楼的姐们儿喝咖啡去了。"玛丽说，"于雪，你年纪轻轻的，中午为什么一定就要休息呢？"

"中午不休息一会儿，下午就有可能会犯困，要走神。"我说。

"谁不是这样？我也是，两点来钟的时候，总会有一阵子精力集中不了，可是，挺一挺不就过去了吗？"玛丽说。

"老是这么挺一挺，对身体不好。"我说。

"有什么不好？"看我不愿陪她逛商场，玛丽也有些来劲，"会损伤我们多少大脑细胞？"

不能跟她这么抬杠，得用另一种办法来说服她。我指着她盘子里那碗西红柿蛋汤，问："你这碗汤有多重？"

"二三两？"玛丽有点莫名其妙。

"最多二两重。"珍妮说。

"不管是二两还是三两，让你把这碗西红柿蛋汤举五分钟，你能做得到吗？"我问。

"那当然。"玛丽仍不明白我的意思，轻轻地将她那碗蛋汤端起。

"如果让你端半个小时呢？"我又问。

"绝对没问题！"玛丽回答很干脆。

"那一个小时呢？"

"没问题，但手臂可能有些发酸。"玛丽说。

"那么，让你连续举两个小时呢？"我盯着玛丽问。

"我肯定受不了。"玛丽反问，"你问这些是什么意思？"

"我的意思很明白，那就是我们的大脑和手臂一样，工作一段时间后就要休息一阵。"我说，"我们每天早晨六七点醒来，醒来后我们的大脑就开始高速运转，就像手里端着一碗西红柿蛋汤。虽然碗里的蛋汤没有多重，但它使我们手臂的神经得不到休息，所以时间久一点我们的手臂就受不了。我们的大脑神经和我们的手臂神经一样，在紧张地运转一段时间后就要休息放松。所以，吃过午饭，我们会有一段时间容易犯困走神，这就表明我们的大脑需要休息了。"

"我还以为是什么大道理呢？"玛丽不以为然，"年纪轻轻的，挺一挺不就过去了吗？下午该干什么干什么！午休简直是一种对时间的浪费。"

人各有志，她不听就算了。我回办公室在座位上闭目养神，打了十几分钟的瞌睡。

对于秘书来说，中午有休息的机会最好休息一会儿。

人的精力好比一块充电电池。一个聪明的人，会在电池使用了一段时间后，让它休息一会儿，给它充充电。如果你在电池的电用光之后再去充电，不仅会影响电池的正常工作，而且对电池本身也是一种伤害。所以，我们在没有完全疲劳之前稍微歇一会儿，远比完全疲劳后再去休息有效得多。

对于秘书来说，不能出现犯困走神的现象。当你正在接受上司指示的时候，你却在走神，甚至忍不住哈欠连连，上司看了会怎么想？即使他不当面批评你，你在那种状态下能完全领会上司的意思吗？吃不透上司的意思，对于秘书来说，后果可想而知！

另外，秘书经常需要加班加点，有时还要应付一些突发事件，这都要求秘书随时保持清醒的头脑和充沛的体力。即便不加班加点，晚上无论是在家看书还是到外面上课或进行其他活动，都需要有充沛的精力。一个优秀的秘书，到每天正常下班的时候，还应保持正常体力的30%以上。

人的精力就像张信用卡，随便透支，会有害健康的。许多秘书以为自己年轻，不注意休息，觉得挺一挺就过去了，实际是在无节制地透支自己的体力。古代就有"积劳成疾"这个成语，就是说如果人们长期透支自己的体力，最终将酿成疾病。为什么现在那么多人出现亚健康病症，厌烦工作？就是长期超负荷工作而又没有得到有效休息造成的。中医不是说，中午"闭目养神也是补"吗？就是这个意思。

对于秘书来说，必须均匀合理地使用自己的体力；在她的体力信用卡上，用了多少马上就补上多少，不允许随便透支。

下午快一点半时，经理回到办公室，见玛丽还伏在桌上打瞌睡，便问："玛丽，你是不是头痛？"

"是。"

"那你去看医生了没有？"

玛丽抬起头对经理说："就是看医生让我头痛。"

经理又好气又好笑："玛丽，你这个样子才让我头痛。"

18 篇
同事矛盾多来自"瞎猜"

六月×日

今天一上班，公司所有的领导都到昌平的工厂去了，经理、孟姐和托尼也都去了。不可思议的是，整个上午，我们办公室不仅没有一个外来电话，连一个公司内部电话也没有，让人感到有些奇怪。

我们办公室为了招待客人，平时都准备一些龙井茶和比较好的咖啡。艾丽丝带头，各取所需，自己招待自己。难得的清闲，大家从流行的发型聊到明年手机的款式，各抒所见，天南海北，像过节搞联欢活动似的。十点多，研发部的王伟来找珍妮，当他俩在走廊上说话的时候，玛丽发起了有"奖"竞猜活动：到底是王伟在追珍妮，还是珍妮在追王伟……

中午吃饭的时候，珍妮告诉我，说刚才玛丽和艾丽丝差点吵起来了。艾丽丝平时负责公司领导出差订机票的工作，最近机票销售处奖励了两张到三亚旅游的机票，玛丽说艾丽丝应该把两张机票拿出来公开处理，不能一个人独吞。珍妮就说玛丽是个长舌妇，上次财务部部长隆胸的事传得沸沸扬扬，就是玛丽嚼舌头嚼出来的……珍妮说着，自己也生起来气了，让我这个做师姐的说说玛丽，舌头别伸得太长了，老是无事生非的。

我心里一阵苦笑。这种事我能管得了吗？唠叨是女人易犯的通病，而且反反复复，也不管别人爱听不爱听，一直唠叨个没完。自己倒是舒心了，别人的情绪却给搅得乱七八糟。当然，有些人也没把当秘书看成一件正事，她不东家长西家短的，就会觉得自己闲得慌。整天为一些鸡毛蒜皮的事说三道四，这固然跟一些人气量天生太小、心眼太重有关，但是与职场竞争带来的巨大心理压力也很有关系……

特别是像我们这样一家在社会有一定的知名度、形象不错的合资公司，不仅办公条件和待遇不错，晋升和培训的机会也不少，不知道外面有多少人在盯着我们的位子呢。而在公司内部，又有多少人想踩着别人的肩膀往上爬，每往上爬一级，多得的真金白银那是实实在在的！在这种状态下，人能没有危机感，没有心理压力吗？有了心理压力要宣泄是正常的。这种事谁能解决得了？

可是，秘书部门又不是普通的部门，老是这么吵，看了让人着急。如果是其他部门，内部有矛盾，关起门来，怎么吵都行，不太会影响别的部门的工作。但是秘书部门不行，秘书部门是公司内部的管理神经中枢，引一发而动全身，不可能不影响其他部门。两个秘书之间的争吵，不仅有可能给公司的正常工作带来负面影响，更可怕的是，它可能会让一些部门的人产生错觉，以为她们之间的争吵，实际上是代表着她们各自的上司在勾心斗角，让本来就已经很微妙的人际关系更加复杂化……

其实，同事之间，有那么多问题需要争吵吗？当我们准备责怪或指责同事的时候，如果能先自我反省一下，那么许多争吵连你自己都会觉得可笑。

记得有一次我一个人去上海出差，由于飞机晚点，下午四点多钟的飞机拖到七点多钟还不能起飞，为了打发时间，我买了一本杂志和一盒饼干。我找到一个座位，坐下来，专心致志地看起杂志来。突然间，我发现我身边坐着一位青年男子，他正毫不客气地拿起放在我们两人中间座位上的那盒饼干吃了起来。这太不讲理了，但我又不想像个泼妇一样，在大庭广众之下与他争吵，便当作没看见。过了一会儿，我确实有些饿了，便也从盒里拿起饼干来吃。我边吃边装作看手表，用眼角的余光看了一下那个人，他居然也在看我。我心想："你这人怎么能这样！怎么连一点教养都没有！"我每吃一块饼干，他也跟着吃一块。一盒饼干很快就吃完了。我想："你吃了我那么多饼干，怎么连声谢谢都不说，真是脸皮太厚！"听到登机通知后，我急忙把杂志往包里一塞，拿起行李，直奔登机口，心想像他这种人，但愿我这一辈子再也不要碰到！飞机起飞后，我又开始找那本没看完的杂志。突然，我看见自己的那盒饼干还原封不动地放在包里！我愣在那里。当时真想下飞机去找到那个我以为"偷"吃我饼干的人，衷心地对他说一句"对不起"！但没有这个机会了，我心里感到非常内疚。如果说有人没教养，那这个没有教养的人就是我！

在我们的日常工作和生活中，难道这样"瞎猜"的事情还少吗？不管承认不承认，我们大家都有过类似这样的经历，当我们责怪或指责同事之后，突然发现错了的是我们自己。而我们之所以去责怪或指责她们，就是因为我们凭自己的主观臆断在"瞎猜"，不信任自己的同事。因此，我们在对同事提出抱怨或责怪之前，就应告诫自己不要"瞎猜"，再就是想想同事的优点。如果这样，那么在我们的办公室里就不会有那么多是是非非了。

下午，玛丽要跟我说艾丽丝机票的事，我没搭理她："你没看我正忙吗？"于是她知趣地走开忙自己的正事去了。

闲人少乐趣，忙人无是非。

19篇
秘书不是碗青春饭

⟲ 六月×日

星期天早晨，难得睡个懒觉，可一大早孔琴就来电话："于雪，对不起，我想跟你借几本秘书方面的书，怕你上午出去，所以这么早给你打电话。"

"你借秘书方面的书干什么？"

"我也想当秘书。"孔琴说，"我不喜欢做销售了。我准备炒老板的鱿鱼，参加一个公司的文秘招聘考试。你帮我找几本书，中午我请客。另外，孟恬刚失恋，把她也叫上。"

我只好起床。孔琴是我从小学到中学的同学，现在一家化妆品公司做销售代表，说起话来有点20世纪30年代电影里的那种女人的味道。

中午，我们仨在常去的餐厅里见了面。

"于雪，你不知道，我们做销售的有多苦！"

一见面，孔琴就开始抱怨起来："现在化妆品品牌那么多，市场竞争那么激烈，顾客又是那么挑剔，对顾客话说稍微重一点，老板就训人。完不成销售定额，就没有奖金，有时甚至连基本工资都被扣光了。所以，老板不炒我的鱿鱼，我也想炒老板的鱿鱼。现在有家不错的公司招文秘，我想去试试。"

说着，她掏出一张报纸，指着一块版面很大的招聘启事给我看，那的确是一个非常有名的私营电器企业，招聘文秘两名，条件是大专以上学历，年龄25岁以下，身高1.65米以上，会英语，气质优雅……

"于雪，我也想找家公司去做文秘！"

可能是因为刚失恋，一向心直口快的孟恬，坐了许久才开口。

"孟恬，你的记者不是做得好好的吗？"我有些吃惊地问，"怎么也想跳槽？"

孟恬去年从师范大学中文系毕业后，进了一家报社当记者。当然，这家报社的知名度和孟恬作为记者的知名度差不多。

"我算是什么正经八百的记者？！整天就是拉广告，找赞助！"说着说着，孟恬的嗓门就高了。

"于雪，我看你似乎不太热心，是不是怕我俩抢了你秘书的饭碗？"孔琴咯咯地笑着说，"你看我俩的条件，要文凭有文凭，要脸蛋有脸蛋，不是个像样的老板，我俩真还不愿伺候呢！"

我和孟恬也笑了。

"于雪，我昨晚还在网上查了，发现我这种双子座的人，特别适合当秘书。双子座的人天生就是做秘书的料，他们都多才多艺，足智多谋，反应灵敏，八面玲珑，善于交际，懂得随机应变，充满生命活力，擅长沟通，适应力强，风趣幽默，喜欢忙碌变化，主动、活泼、健谈，具有写作和语言方面的天赋，对时尚有着敏锐的感受力，能长久维持年轻的心态和外貌……"孔琴兴奋地说着，瞳孔里放射着光芒。

作为朋友，我当然希望她们都能找到一份称心如意的工作，但是……我真不知这话该怎么说。

"孔琴，孟恬，你俩知道我们这些当秘书整天做些什么事情吗？"

"不就一天到晚陪老板出去谈判吗？今天上海，明天广州，车接车送，好吃好喝，多浪漫！多刺激！"孔琴说。

"孔琴，你那是看电影，我们的工作一点都不浪漫。"

我告诉她们，我们的一天基本上是这样的：早晨上班后，第一件事就是给上司沏茶，送各种邮件、资料和报纸。"早上好！"寒暄之后，根据工作日程表，向上司请示当天的工作安排："今天上午九点半某某公司的老总来看您；下午两点半您去某某公司与他们的老总见面；今天这么安排，您看可以吗？"上司确认后，就回到自己的办公室做自己的事，如接电话、整理来信来函、收集信息、文件归档等，这些工作都相当冗杂。这期间，上司可能会打电话或写个纸条给你，让你去处理一件临时性的或突发性的工作。我的一个小师妹到一家著名的美国跨国公司工作了三个月，说是当秘书，其实就是整整抄了三个月的信封，前天辞职，找了一家公司做销售去了。

"秘书工作真的这么枯燥单调？"孔琴似乎不太相信。

"那倒不完全见得。"我说。

在那些"公司老板一声吼，全体员工抖三抖"的公司，老板主要靠自己的个人人格力量进行企业管理，老板并不真正需要秘书给他做参谋或助手。这样的老板挑选秘书，是给自己看的，更是给客人看的，所以，他们更看中秘书的长相和性格，秘书与老板办公室里的花瓶差不多。因此，有一些秘书确实是整天陪着老板天南海北，享受无限风光。但是，随着市场竞争越来越激烈，企业的管理越来越制度化，老板的决策越来越程序化，老板对秘书的要求也将越来越职业化。

"你的意思是秘书也不好当了？"孔琴似乎以为我是在吓唬她。

目前，我国的秘书作为一种正式的社会职业，像教师、护士一样，也开始有了职业资格考试制度，而在一些发达国家，早已推行了从业许可认证制度。例如在美国，美国"全美秘书协会"章程规定，秘书必须具备以下条件：

1. 像心理学家一样善于观察和理解他人；

2. 像政治家一样有灵敏的头脑；

3. 像外交官一样有潇洒的风度；

4. 有调查各种棘手问题的丰富经验；

5. 有良好的速记能力和文字功底；

6. 熟谙各种商业往来中的法律关系；

7. 能熟练地使用各种自动化办公机器；

8. 具备相当的金融和税务方面的知识；

9. 能熟练地对各类文件资料进行整理归类。

"孟恬，孔琴，作为朋友，我真的非常希望你俩心想事成。但是，我必须提醒你俩，秘书工作本身并不浪漫，而要成为一个让老板看着舒心、用着省心且能够带在身边的秘书，更不是一件容易的事，所以，你俩一定要有足够的心理准备。"

她俩点点头，相信我说的是真心话。

"于雪，讲老实话，我也并不是想当一辈子秘书。我也只是想趁自己还年轻，吃这碗青春饭。我是学中文出身的，到公司去干，也只能做秘书；所以，我想先干一两年，积累点经验，熟悉些情况，利用当秘书的条件，再找个适合自己的位置。"

孟恬的话让我心里感到有些不好受。把秘书职业当作一碗青春饭，虽然说不上是对秘书职业的一种亵渎，却也是一种认识上的误区。问题是这又是一种无法否认的现实。

前些天，学机电专业本科毕业的珍妮，靠自学考试拿到助理会计师证后，感慨万千地对我说："谁都知道，做秘书仅仅是一个过渡。随着年龄的渐长，谁也不甘心做一辈子秘书，都会去寻找一些属于自我的东西。你我不得不承认，秘书的确是一种青春的职业，无论你怎样喜欢这份工作，随着时光的流逝，它终究只是你我职场生涯的一部分，而不是全部，当然，它绝不是过眼云烟。如果一个人年轻的时候，有一段做秘书的工作经历，无论从职场角度，还是从个人自我修养角度看，都是一种难得的历练。"

　　我不承认秘书这种职业只是一碗青春饭，但是我也不知道该怎么去说服她俩。

20篇
多个朋友多条路

六月×日

今天下起了蒙蒙细雨。这似乎是今年北京的第一场雨。杜甫的诗写得真好："好雨知时节，当春乃发生；随风潜入夜，润物细无声……"

近来公司领导的信件和快递包裹特别多。到一楼大堂取包裹是玛丽的工作，这几天她一个人拿不了那么多，所以我也经常下楼帮她取邮件。包裹取回来后，先放到机要室，由玛丽进行分拣：姜总的放在一起，孙总的放在一起……分拣完后，由各位上司的专职秘书各自进行处理。除了特别的私人信件，秘书一般当面拆开。现在许多广告信函也都写着某某"亲启"，而且越来越多，所以即使写着个人姓名的，我们一般也将它拆开，不然的话，按玛丽的说法，也会对公司领导形成"信骚扰"。

上午，当我把今天的邮件、资料和包裹送给孙总的时候，孙总说："小于，有件事麻烦你帮个忙。"

孙总说话很少这么客气，我连忙说："孙总，您有什么事尽管吩咐。"

原来在很早以前，孙总就答应他女儿，端午节期间带她到青岛去旅游；可上星期，公司决定让孙总在北京参加一个国际投资研讨会，所以，孙总取消了到青岛旅游的计划，也就没有做任何前期准备工作；昨天晚上，他女儿问起了这件事，得知孙总"说话不算话"后，便不依不饶，最后全家决定，孙总的太太带着女儿先去青岛，孙总开完会后再赶过去。昨天晚上，孙总自己托人在青岛订旅馆，但为时已晚，青岛好一点的宾馆，早已家家爆满。所以，现在孙总让我帮他想想办法，死马当作活马医。

"你帮我试试，条件要稍微好一点，最好能从窗口看到大海的。如果实在不行，那只有国庆节再说了。"

我说了句"我一定想办法"，就回到自己的办公桌，给平时几个关系不错的旅行社的朋友打电话，请他们务必帮忙。回答都是太晚了，爱莫能助。

怎么办？！

我突然想起戴丽丽来。我马上翻出她的名片，给她打电话，请她帮忙。

戴丽丽是青岛一家全国闻名的电器公司公关部的副经理。

认识她是一个非常偶然的机会。今年春节刚过，我去青岛出差。在首都机场，我们的飞机应该是上午十点起飞，临登机的时候，广播说由于机械故障，飞机要推迟一个小时起飞。小小的候机室里挤满了人，大家只好无奈地等待。在人群中，我看见我身边站着一个气质非常优雅的小姐，由于没有找到座位，鞋跟又高又尖，只好来回不停地走动，似乎挺难受。看着她难受的样子，我也觉得挺难受的；我穿的是旅游鞋，于是我站起身把座位让给了她。

她开始时一愣，以为我有什么企图；当我指着我的鞋说，我站一会儿不要紧，她被我的真心打动了。没过两分钟，旁边座位上的先生嫌候机室太吵，打电话听不清楚，拎着包出去了，于是我也坐了下来。我俩交换名片后开始聊天，由于她也是文秘专业毕业，所以我俩越聊越投机。到了青岛，她一定要用她的车送我到宾馆。回北京后，我去了个电话表示感谢，之后再也没有联系了。

不到半个小时，戴丽丽就回电话，说已帮我在海边的某五星大酒店订好了房间，而且房价是平时的九折。我表示感谢，她却对我上次让座的行为继续"上纲上线"，不愧是搞公关的高手。

当我告诉孙总，青岛的宾馆已经落实时，他只说了"谢谢"两个字。但我觉得，在这两个字中比以往多了一种信任。

作为秘书，经常要帮上司办理一些这样的突发事情。这类突发事件，常常让人意想不到，它们有业务方面的，也有待人接物方面的；它们有的是公事，有的不一定是公事；它们有时可以说是秘书工作分内的事，有时也算不上是分内的事。刚开始的时候，遇到这种情况，真会让你觉得脑袋一下就大了，不知道怎样办才好。随着工作经验的丰富，现在我遇到这类事件，头脑都能冷静。

这种事情，说它小它就小，说它大它就大；说它小，是因为你即使办不了，也不会影响公司的形象和利益，上司也能体谅；说它大，是因为你如果办妥了，上司会对你更加信任，有利于你今后的工作，也有利于你个人的发展。这种事，往往公司内部很难处理，在外面花钱也不一定办得了。处理这种事情，往往只有靠秘书个人的能力和关系。对于秘书来说，多个朋友多条路。

秘书这种个人关系从哪里来？只有靠自己平时的积累。其实，在很多时候，当你需要别人帮助的时候，也正是别人需要你帮助的时候。因此，当你在有意或无意之中帮助别人后，别人也会心存感激。这就像你在电梯里无意中对人微笑时，别人也会对你报以微笑一样。所以，当你在有意或无意之中帮助别人的时候，实际上可能就是在帮助你自己，多个朋友多条路。因此，从事秘书工作的人，必须有一颗爱心，当你有机会帮助别人的时候，就应当毫不犹豫地帮助别人。很多时候，你给予他人帮助，并不需要有多大的付出，有时仅仅是举手之劳，甚至是顺水人情。当你有能力帮助别人的时候，就如同你身上有富余的钱，这时你应当开个户头将它们存起来。即使你的付出没有机会得到回报，也是一次心灵的感动。可以说，你每帮助别人一次，你就有可能建立起一种新的关系或一种新的网络。这种新的关系或网络，就有可能给你带来新的机会。热情助人，广结善缘，既是每一个秘书的为人之本，也是工作之本。

作为秘书，你必须有这么一个爱心存折，使你有能力和本钱去应付各类突发事件。如果你没有这么一个爱心存折，或有这么一个存折而上面的积蓄不多，那么，当你面对上司交代这种突发事件的时候，往往就会叫天天不应，叫地地不灵。

21篇
秘书不能都实话直说

⟲ 七月×日

天气一天比一天炎热，酷暑似乎正迈着蹒跚的步伐到来了。

还有不到十天的时间，公司就要开董事会了，对今年上半年的工作进行总结。为了准备会议材料，我们所有的秘书都进入了一级战备状态。

下午没有什么客人，留下艾丽丝一个人在前台，其他人都到第一接待室，讨论为会议准备的文件。首先讨论经理给姜总写的上半年公司总结报告。经理不愧是当年中文系的才子，报告写得洋洋洒洒，令人振奋。

"头儿，我认为'经济效益增加了三百多万美元'这种提法不正确。"小石发表意见。

"有什么不对？"经理显然对这种提意见的方式没有任何思

想准备。

"经济效益是指经济投入总量与经济产出总量之比，是个相对数；而三百多万美元是个绝对数，所以，'经济效益增加了三百多万美元'的说法是不正确的。"

小石是学企业管理专业的，说起经济方面的东西来确实是一套一套的。

"经济效益增加多少多少，这已是约定俗成的提法，中央电视台也经常这么播，我看没有什么不对。"

经理显然不高兴了，脸越拉越长。

"但这确实不符合逻辑。"小石没有注意到经理的不高兴，只是继续按自己的思路发表意见。

"这样吧。这个问题可能有些复杂，暂时先放一放，我们接着往下议。"孟姐见气氛不对，又马上提议，"要不，先休息十分钟？"

经理端起茶杯就往外走。

"小石，今后提意见，最好注意一下方式方法。"孟姐见小石脑筋还没有转过弯来，便坐到了她身边。

"坦率地说，我是学英语专业的，不知道经理今天这种提法到底合不合适，但是，不管他这种提法到底合不合适，你今天这种提意见的方法首先就不太合适。"

小石似乎不明白，瞪大眼睛看着孟姐。

"你想想，当着这么多人的面，用这么肯定的语气说经理错了，他会是一种什么感受？如果我是经理，我会觉得你这就跟直接骂我'无知'一样。所以，即使你的意见是对的，他能一下子接受吗？"

"对不起，我实在没那个意思。"

小石似乎有点知道自己错在什么地方了。

"但是，我这个人生来就是这么个性格，有什么说什么，不会装假，不会拐弯抹角。我认为做人要正直。"

"小石，你这么说，我更要批评你了。"

孟姐一改温柔细语的口气，说话严厉起来了。

"为人正直和注意说话方式是两个不同的意思。为人正直，是指不撒谎，不欺骗，是人品道德问题；而说话方式是技巧问题，是工作方法问题，两者不能混为一谈。你这是为自己找借口。"

小石不说话了，但她那神态还不服气，似乎是说自己直来直去的性格是天生的，没办法改变。

"我们是职业秘书，就要用职业秘书的标准要求自己。职业秘书是什么？职业秘书和职业运动员一样。人都会走路，而且从小就养成了走路的姿势和习惯。但是，作为一个职业运动员，为了提高自己的成绩，他就必须加强训练，改变自己走路跑步的一些坏习惯，从而提高自己的成绩。如果短跑运动员跑一百米也像你我一样，跑个十五六秒，他还配做职业运动员吗？"

孟姐站起来，对大家说："所以，我们做职业秘书的也不能用普通人说话的标准要求自己。我们秘书说话，不单纯是为了表达自己的思想或情感，更主要的是为了实现自己的工作目标，达到预期的效果。为了达到预期的效果，我们就必须注意说话的方式，特别是提意见的方法。如果你提意见的方法不正确，即使你意见的内容再正确，也是正确的错误。"

接待室里鸦雀无声。孟姐的话震撼了大家。

"我们大家都要记住，对于我们这些职业秘书来说，用什么方式说话，永远比说些什么更重要！"

我觉得孟姐说得很深刻。也许是另有考虑，孟姐还有一层意思今天没有说出来，那就是给上司提意见，不仅要注意场合，还要注意上司当时的情绪。上司在情绪不太好时，也像一般人一样，对待别人的批评和建议，也有可能会产生逆反心理，你越是说这样不对，他可能越是要坚持这样。相反，在他情绪好或心态平和时，他接受别人的批评或建议的可能性就大得多。所以，从这种意义上来说，秘书必须学会察言观色，见风使舵。

22篇
秘书必须"百事通"

七月×日

上午，李总让玛丽查了深沪几家上市公司的上午收盘价、成交量和涨幅。

回到办公室，玛丽有些忧虑地对我说："于雪，因为我妈炒股票，我还懂一些股票方面的知识，知道什么叫收盘价，什么叫熊市，什么叫牛市，全线飘红是什么意思，可是对期货，我看了几本书，怎么还是弄不太清楚，你能跟我说说吗？万一哪天李总让我去了解期货方面的东西，我一窍不通，肯定得挨训。"

对于一个职业秘书来说，应当具备一些股票和期货方面的知识。在现代经济生活中，特别是股票市场，它可以说是经济生活的晴雨表。股票市场价格的涨跌和市场板块结构的变化，既反映了国家宏观经济发展的趋势，也预示着投资市场的未来走向，因此，作为一个现代企业的领导人，不管是上市公司还是没有上市的公司，都会关注股市的动向。作为上司的助手，如果不具备相应的知识，那就说不过去了。

对于期货市场方面的知识，我也是一知半解，正在犹豫的时候，托尼说："玛丽，我有个做小麦期货的朋友，最近大赚了一笔，昨晚请我撮了一顿，我可以讲给你听听。"

"可以，讲完了你请我们大家撮一顿。"玛丽说。不管什么时候，玛丽总喜欢占点嘴上的便宜。她自己说，她的这种有些任性的性格，是由于她从小到大被她妈妈含在嘴里养大造成的。

马上有人附和。

"我这朋友专做期货经纪。前些天，有个经常在中央电视台做广告的食品公司签了一个大合同，合同规定四个月后开始陆续交货。完成这个单子要用一万吨小麦。按照生产规模来看，只要在交货期前一个月开始生产这批食品，就能保证按合同规定的时间交货。因此，这家公司的老板不希望一签完合同就把这一万吨小麦买进来，因为这会占用资金，增大成本。但是，这批食品的卖价已签好合同，公司又怕这期间小麦涨价。小麦涨价太多，他们就有可能亏本。所以，公司老板找到我朋友的公司，想通过期货市场来降低风险。"

"那你的这位朋友就能保证小麦价格在三个月后一定不上

涨，让这食品公司老板不亏损？"玛丽问。

"当然，对于供需量这么大的小麦市场，一般的人没有能力操纵它的价格。但是，通过期货买卖，就有可能保证食品公司最大限度地降低风险，而规避风险就是现代期货市场的主要功能。我的朋友根据他对小麦未来几个月市场的判断，先建议老板买几份三个月后的期货合约。"

"这期货价是比现在的高还是低？"有人问。

"这期货价是比现在的高一点。"

"那到时候又回落了怎么办？"

"由于老板也有这方面的担心，所以，我的朋友最后建议老板买三个月后的期权。所谓期权，就是买卖期货的一种权利。买进了三个月后的期权，如果三个月后小麦的价格上涨了，食品公司就可以执行合同，以期权合同上的价格买进小麦，当然，期权合约上的小麦进价要略高于现货价；如果三个月后小麦价格下跌，食品公司也就不执行期权合约，而是到市场上去购买现货，损失的也仅仅是期权合约上的一点儿定金。因此，在食品公司老板对市场把握不准的情况下，委托我的朋友买了三个月的期权合同。让我的朋友赚了一笔不少的中介费。"

下午一上班，经理安排我与玛丽陪孙总和赵总到昌平去拜访一个开发区的领导，了解投资的最新优惠政策。由于回来的路上堵车，到马甸立交桥时快七点了。赵总提议请大家到什刹海逛逛，他请客。我和玛丽当然赞成，但孙总说他晚上有事，于是司机送孙总回家，我和玛丽陪赵总游什刹海。

我们打了一辆出租车，赵总让车停在地安门商场前。下车后往回走一点，沿着烟袋斜街往什刹海走。

"你们来过什刹海吗？"赵总问。满头白发的赵总，看上去神采奕奕。

"晚上来泡过几次吧。"玛丽说，"赵总，你也经常来这里泡吧？"赵总笑着说："我一个快六十岁的老头了，还泡什么吧？！前天晚上，田中董事长给我打电话，说过些天到北京来开董事会，这可能是他作为董事长最后一次来北京了，所以，他想再来这里吃一次'烤肉季'的烤肉；我也好久没来了，所以今天顺路先来看看。"

"烤肉季"就在银锭桥边，门脸不大，但风格独特。赵总似乎与店老板挺熟，我们直接上二楼，老板给我们留了一张能看到湖面的桌子。

烤肉虽吃过不少次，但在这里吃特别风味的烤肉，却另有一番情趣。店堂上火锅里烈火熊熊，"肉炙子"嘟嘟地烤着肉，芳香扑鼻。

赵总介绍说，在清朝顺治年间，宫廷里的王公显贵经常外出打猎，将猎获的野味带到京城里，让厨子给烤熟了吃。"烤肉季"的烤肉技术就是由此传下来的。但"烤肉季"开业之初，烤的都是熟肉，民国初年才改烤生肉。"烤肉季"以烤羊肉为主，牛肉也有。

赵总要的是小瓶的红星二锅头，我和玛丽喝橙汁。喝了几盅二锅头后，赵总的话就密了。他说他是在后海边长大的，什刹海周围的胡同、四合院是北京人的根。他说与现在到处是酒吧的灯红酒绿的什刹海夜晚相比，他更喜欢过去什刹海的早晨。清晨海子边走走，浓郁的市井风情会扑面而来。河沿上有慢跑的、晨练的、吊嗓子唱戏的，还有卖早点的：油饼、油条、煎饼、炒肝，各式各样，想吃什么有什么，保准大饱口福。走在胡同里，时不时能听见"吃了吗""您干吗去"这样地道京味儿的问候。虽然从这里搬走多年了，但有空还是喜欢来看看。

"过些天，你们要愿意，我带你们来吃这里的'爆肚张'，就是前海边东北岸的'爆肚张'。那张老爷子性情很偏，每天烧饼和爆肚从不多做，就卖那么一点点，外间屋只能放下两张桌子，四把凳子，吃不上是你运气不好。"

玛丽说她也喜欢来这里，但只是喜欢这里的酒吧。赵总显然对什刹海边上越来越多的酒吧不以为然。他说他只喜欢这里的自然风景和浓郁的老北京味。说着，借着酒劲，给我们背起了元代许有壬的词：

"柳梢烟重滴春娇，傍天桥，住兰桡。吹暖香云，何处一声箫？天上广寒宫阙近，金晃朗，翠岩嶢。谁家花外酒旗高？故相招，尽飘摇。我正悠然，云水永今朝。休道斜街风物好，才去此，便尘嚣。"

赵总底气虽然不是很足，但抑扬顿挫的韵味还是出来了。念完词，赵总问："知道这是一种什么境界吗？"

我点点头。

"小时候，每到夏天，我就跟我祖母到这后海边乘凉。坐在这里一边听她给我讲故事，一边看湖面上的风景。不管多热的夏天，晚上这里肯定有风，那风能一直吹到你的心里。"

赵总似乎回到了从前。

"那时候，最惬意的还是站在那银锭桥看西山，在荷花、碧苇、绿蒲的衬托中，绵延的西山浮映在宽阔的湖面尽头。虽然在京城许多地方都能看到西山美景，但都不如站在银锭桥上远眺西山的景色那样诱人……我讲这些陈芝麻烂谷子，你们不爱听，是吧？"

赵总似乎意识到自己说得太多了。

"不，赵总，你说的我们喜欢听。"我真的喜欢听赵总说老北京的事。

"不过，我觉得不管你俩是不是真的喜欢听，作为公司秘书，特别是作为北京的秘书，了解一点北京的风土人情是应该的。小于，你见过我原来的秘书琼斯吗？"

我说没见过，我进公司的时候，已是托尼给赵总当专职秘书了。

"琼斯当时也跟你俩现在差不多，人长得不错，外语也好，待人接物都还可以，但是，她脑子里就只有办公室里的那一点点东西，出了公司，就像个中学生一样幼稚。"

赵总自己给自己斟满了一小盅二锅头。

"那次也是在这'烤肉季'请田中董事长吃烤肉。聊天的时候，田中董事长问琼斯，听说老北京四合院里都有三件宝，这三件宝是指什么，这土生土长的北京丫头，竟一样也回答不出来，让我非常生气。我们的公司，是在现实中生存，公司领导几乎天天都在跟社会上三教九流的人物打交道，我们的大多数业务，是在办公室以外的地方谈成的。一个秘书的确不能太世故，但无论是对过去的风土民情，还是现实的人情世态，你怎能一点也不了解，这样你怎么给上司当助手，当参谋？"

赵总说着，就显得有些激动了。趁着赵总自己斟酒的时候，玛丽悄悄问我四合院三件宝是什么，我说四合院的三件宝是指天棚、鱼缸、石榴树。

"正好过了不久，龙扬（托尼）陪我去趟天津。那时他还在销售部；在天津食品一条街上，一个外地游客迷了路，以为我俩是天津人，便向我们问路，天津的街道不像北京的正直，龙扬为了给人家指路，带着人家走了一站多地。当时我就看中了他这份古道热肠，想让他来给我当秘书。后来在回北京的车上，我当作聊天问他，天津的狗不理包子和十八街的麻花是怎么来的，他并不知道我是在有意考他，说起来头头是道。这些东西并不是什么高深的学问，在天津可能一般的中小学生都知道，但在北京，像你们这样的小青年，平时会有几个人去留心这些东西，可见他平时下的功夫，秘书就应该是个'百事通'……"

赵总这些话，听上去像是有些喝过了，有一半是酒话，但着实让人清醒！一个优秀的秘书，不能像根豆芽菜，只靠沙盘里的那点水分成长；必须像棵松树，不仅要见阳光，还要植根于大地。只有从现实生活中吸取营养，茁壮成长，才能抗击现实生活中的风吹雨打！

"对不起，我可能是喝多了一点，不知不觉之中就数落起你们来了……走吧，我领你们看看什刹海的夜景去。"

在前海隔水西望，那银锭桥恰似一块银锭倒浮水上，石虹凌波，玉栏高拱，桥下轻波微澜，光影摇曳……

23篇
与部门交往先奉献后索取

⟲ 七月×日

上午十点多钟，我桌子上的电话铃响了。

"是，我是秘书于雪。对不起，请问您贵姓？是尚武先生，好，我知道了。孙总正在会见客人，我会尽快给您回电话。您的电话分机是118？"

电话是报社的记者打来的，他们听说我们又准备在北京投资3000万美元建一个工厂，想采访孙总。对这种公共关系的处理，公司向来是慎之又慎。

正好，孙总送客人出来路过我们办公室门口，我马上把电话记录交给他。

"怎么回事？这个项目八字才一撇，是谁把这个事说出去的？"孙总皱了皱眉头，不太高兴，"谈论这事太早了一点，我跟姜总商量一下再说。"说着,孙总就去了姜总的办公室。

看来一时半会儿还给不了尚武先生回话。如果他再来电话催,我该怎么答复,正在我寻思之际,孙总从姜总的办公室出来了。

孙总说:"明天上午十一点跟尚记者见面。你帮我准备些材料,顺便安排个工作餐。"

下午两点多钟,投资部的龙辉经理就把孙总明天见记者要用的背景材料给我送来了。

"你今天上午不是说今天下班之前还不一定能把材料弄出来吗?怎么这么快?"我问龙辉。

"小于,你跟我们要资料,我们什么时候马虎过?"龙辉的脸上堆满了笑容,"上午你的电话一打过去,我们全部动员起来,所以提前完成了任务。"

尽拣好听的说,肯定是有事找我。

"那我谢谢了!"说着,我装出要外出办事的样子。

"小于,等等,我还有件微不足道的小事要求你给帮个忙。"龙辉还是一脸笑容。

由于秘书的特殊位置,别人求帮忙的时候很多,这我已经习惯了。

"违法的事我可不干。"我跟他开玩笑。

原来在刚刚开完的董事会上,他们部门的工作受到了特别的表扬,所以公司事务会上决定给他们一次集体到新疆去旅游的奖励。由于去年奖励的总务部门去的是七个人，所以，财务部门按惯例只同意按七个人的名额报销费用。

"你说这个事让我怎么办？本来是件好事，可九个人只能去七个人，谁去谁不去我怎么定？闹不好，好事有可能变成坏事，搞出个不团结来。所以，我想请你帮我给姜总说说，看看能不能增加两个名额。"龙辉说的确是事实。

这几天孟姐请假，我替孟姐协助处理姜总的日常工作。

"你自己直接找姜总不行吗？"我问龙辉。

"小于，你知道，如果我直接找姜总，会给姜总一个我老是向上级伸手的印象；如果姜总再说你们两个经理学学雷锋，发扬点精神，把名额让给其他的人，那我怎么办？那不就一点回旋的余地都没有了吗？"龙辉想得也周到。

去九个人还是去七个人旅游，并不是什么大的原则问题，只不过是去年有个先例。

"这样吧，如果有机会，我帮你把这事跟姜总提一提。但是，我不敢给你打保票。也许这事，姜总也有自己的考虑。"

龙辉马上笑逐颜开："小于，我们部门的人一致认为你是观世音菩萨，要是允许的话，我们每天会在办公室为你烧一炷香。"

"龙头，你这是夸我还是毁我？"我问龙辉。

快下班的时候，李总催玛丽要几个公司今年上半年的财务数据，玛丽给财务部已打过三个电话。

"你们怎么老是那么忙？"玛丽在电话里对着财务部的人急起来了，像是要吵架的样子。

听着玛丽跟财务部的人打电话，我心里有些替她难受。上个星期四，出纳小田出去学习，人力资源部部长突然要份工资表，财务部门当时只有王芸一个人在，但她不负责工资这一块业务，所以没有数据，她想起玛丽平时协助李总的工作，经常跟财务部打交道，玛丽肯定有存底，便请玛丽帮忙打一下；可玛丽当时老是敷衍人家，一会说自己没空，一会说自己正忙。王芸给玛丽打了三次电话，玛丽才把数据给人家。

今天，看样子王芸也似乎有意让玛丽着着急。别人找你帮忙的时候，你不也经常说"我忙着"或"我现在没空"吗？这就是你平时敷衍人家的结果。

敷衍人家的确很轻松，很合算，既不必费心，无须付出代价，也不会有什么损害。但你有初一，人家就会有十五；你今天敷衍人家，人家明天也会敷衍你。你要索取，就必须先奉献。我们做秘书的确不能事事较真，但一定要真诚，处理各种人际关系，必须从长计议，而这种长，不是一年或两年，而是十年、二十年。

种瓜得瓜，种豆得豆。

24篇
既要埋头苦干，又要胸怀全局

下午，孔琴到家里来还书，就是上次她参加秘书招聘前借的那几本书。看到我书架上的书，她像发现了什么新大陆似的大叫起来："你怎么还看这样的书？罗素的，霍金的，还有《论语》……你是不是想变成出土文物？"

我解释说这些书大都是从我老爸的书架上"偷"来的，并没有全读，也只是偶尔翻翻。用我老爸的话说，好读书，不求甚解。

"于雪，我当秘书也快一个月了，你知道我快变成了什么吗？"孔琴喝着可乐问我。

"白雪公主呗。"我笑着说。

"什么白雪公主！我整个儿变成了一只穿山甲。"

"穿山甲是什么意思？"

我第一次听到这样一种比喻，一时不明白是什么意思。在我的印象中，穿山甲是一种非常丑陋的动物。

"穿山甲是什么意思？穿山甲就是一天到晚躲在地底下，埋头打洞穿山，外面的事一概不管。这也是我前几天从一本台湾漫画上看到的，我觉得我现在忒像一只穿山甲。你想想，我现在每天天不亮就起床，急急忙忙出门挤公共汽车，换地铁，上午九点之前必须到办公室，一进办公室，不是打字就是抄信封，一整天就像个陀螺一样连轴转，下午六点下班，天都快黑了，而且还经常要加班加点，八九点能到家就算不错了。我们的写字楼外面看起来挺豪华气派，可是，在我看来就像个山洞，我就是山洞里的穿山甲。"

孔琴的脸上的确没有上次应聘前的那种朝气神采了。

"又想炒老板的鱿鱼了？"我问。

"那倒不至于。"孔琴无奈地摇摇头，"我只是羡慕你。我一天到晚累得贼死，到家就想睡觉，可你现在还有心思来看这些乱七八糟的书。"

我又气又想笑："什么叫乱七八糟的书？"

"当秘书，不就是打打字、接接电话吗？一天到晚累都累不过来，你怎么还想起看这些？"

"孔琴，我觉得这只是一个个人自我调节的问题。"我说，"你上班的地方也可能离你家太远了一点。"

"于雪，如果我是只穿山甲，我觉得你倒像条狐狸。你一天到晚脑子里老是想这想那的，就像条狐狸整夜蹲在山顶上，望着天上的月亮，想着怎么啃一块下来。"

我忍不住笑起来。

孔琴将我比作狐狸，尽管不是很恰当，但用穿山甲和狐狸这两种动物来比喻两种不同状态的秘书，非常有意思，也非常耐人寻味。

如果一个秘书像只穿山甲，一天到晚只知道干活，没有一点灵气，那上司肯定不怎么喜欢他，这种秘书即使不被炒鱿鱼，也永远只能给同事充当办公室里的"佣人"。相反，如果一个秘书像只狐狸，不踏踏实实干活，一天到晚打别的主意，脑子里只是想着如何把秘书当作跳板，两只眼睛只盯着公司的其他肥缺，那上司也不会喜欢他。一个真正优秀的秘书，既要像穿山甲立足现实，有埋头苦干的精神，又要像狐狸胸怀全局，有勤于思考的习惯。只有这样，秘书才有可能成为优秀的职业秘书。

"你看这些书，有用吗？"孔琴问我。

"一个秘书不能单靠蛮干，还得思考些问题。看这些书能让我想些问题。"

"给老板当秘书，就如同给老板当专职司机，老板让你往哪开你就得往哪开。你有什么好想的？我觉得想也没用。"

"不见得。"我说，"即使是做秘书，也有需要自己想的问题。"

"那你在思考些什么问题？"

我摇摇头，说："没准，很多时候是瞎想。不过，总还是得替自己的将来想想。即使不打算在这家公司干一辈子，但一时半会儿还不打算走人，因此就得想想，如公司的人事会发生哪些变化，公司的业务会朝什么方向发展，影响公司发展的主要是些什么因素，自己要做些什么准备才能适应公司的发展，是否还有更适合自己发展的部门或岗位……有空的时候就琢磨琢磨这些。总之，秘书要像气象台，留意观察公司内外的阴晴冷暖，并提前增减衣服，做好抗寒抗暑的准备，以适应气候的变化。"

"公司的业务会朝什么方向发展，影响公司发展的因素，这类问题公司董事会都不一定搞得清楚，你一个小小的秘书能想得过来吗？"

孔琴瞪大眼睛看着我，好像我就是个怪物。

"正因为想不过来，所以我才来看书嘛。"我笑着说，"这类问题又不是参加考试，必须在规定的时间内交出答卷，所以，问题可以慢慢地想，书可以慢慢地看。"

当然，看这些"乱七八糟"的书，不一定能直接得到答案，但能帮我改变思维方式和开阔视野。事实上，当你拖着疲惫的身体从办公室回到家里后，泡一杯好茶，倚在床头翻翻书，本身就是一种放松和享受。手里拿着一本你喜欢的好书，你就像与一位老朋友侃大山，或者看到一位你非常崇拜的老师，从那字里行间来到你面前。这样，你可以敞开自己的心灵，去感受罗素的伟大、陶渊明的淡泊、海明威和鲁迅的深刻。在这些老师面前，你心中的疑惑或不安，会像春日里的残雪，在阳光的照射下，自然而然地悄悄消融……

"你的自学本科文凭什么时候能拿到？"孔琴问。

"明年。"

"拿了本科文凭，还当秘书？"

"拿了本科文凭就看不起秘书了吗？"我说，"现在还有硕士都想来当秘书。我现在还没有跳槽的想法。再过两年，如果我的钱攒够了，就想去国外读个 MBA（工商管理硕士）。"

"别读那么多书了！"孔琴叫了起来，"你知道吗，失败使男人失去魅力，而成功会使女人失去魅力。你就不怕你将来嫁不出去吗？"

我笑着问："你现在是不是特想嫁人？"

"每当我下班累得不行的时候，我是盼着有人开车来接我。"孔琴突然又转移了话题，"你知道吗，孟恬又谈恋爱了。"

"她那个男朋友才吹几天？我没听她说。"我问，"她告诉你了？"

"没有。"

"你又不是孟恬，那你怎么可能知道？"

"你又不是我，怎么就知道我不知道呢？"

我们俩都乐了。

子非鱼，安知鱼之乐？

子非吾，安知吾不知鱼之乐？

25篇
接待客人必须一视同仁

七月×日

　　今天是星期一，上午来公司的客人似乎特别多。十点多，我陪经理外出办事，在等电梯的时候，遇到一个四十几岁的中年人。他穿一件老式的中山装，满脸的不高兴，嘴里似乎念念有词。看样子，值班的艾丽丝可能也没接待好这位客人。我注意到经理的眉头锁得特别紧。

　　下午四点多，我们一回到办公室，经理就问艾丽丝，今天那位穿中山装的客人怎么回事。

　　"没有什么。"艾丽丝不在意地说，"上午十点来钟，穿中山装的客人刚进来，我正问他预约了没有，这时银行的荣行长就来了，于是我开始接待荣行长。荣行长约好是十点整跟姜总见面的。我给荣行长和他的秘书沏了两杯茶，然后给姜总打过电话，之后领着荣行长他们去了接待室，当时我对那位穿中山装的客人说'对不起，我太忙，如果要喝水，茶杯在饮水机旁，自己倒一下。'等我从接待室回来，那位客人就走了。"

"艾丽丝，知道吗，你今天犯了两个方面的错误。"经理开门见山，毫不客气地说，"第一，你没有坚持接待客人先来后到的原则。"

"可是荣行长是姜总的老朋友，而且还是预约好的。"

"我知道荣行长是姜总的老朋友，他们银行也是我们多年的开户行。但是，在值班接待客人的时候，无论如何你也不能违反先来后到这条公平的原则。你在接待穿中山装的客人的时候，见到荣行长进来，你只要朝荣行长稍微笑笑，跟他说声请稍等就行了；正因为荣行长是我们的老朋友，所以他肯定会理解你的做法。今天那位穿中山装的客人我也见了，估计可能有点自卑，所以他也只好带着一肚子怨气走了。如果要是换一个脾气急躁的，看你这么厚此薄彼，当时跟你吵起来，说你势利眼，你怎么办？这会给荣行长和其他客人一个什么印象？当然，荣行长嘴上当时肯定不会说什么，但一定会把这事记在心里。他甚至会想，你东岩公司平时不老说自己把顾客当作上帝吗？原来就是这么对待上帝的呀！如果要是真的这样，你艾丽丝怎么办？"

艾丽丝把头低下来了。

"还有，你今天在接待客人时，犯了以貌取人的错误。"

"我没有以貌取人。"艾丽丝小声反驳。

"你没有以貌取人？"经理狠狠地问，"你看他穿老式的中山装，猜测他可能是个推销什么产品的人，所以不把他当回事。"

艾丽丝不敢反驳了。

"的确，现在有许多送水、送饭、卖文具、快递公司的人上门推销，会影响一些我们前台的接待工作。即使如此，你见了他们，也不能表现出一副不耐烦的样子，摆出一副高高在上的架势。你无形的优越感会让他们产生自卑感，甚至产生怨气。当他们推销的时候，你只要婉言谢绝，他们一般不会胡搅蛮缠。"

"可也挺烦人的。"玛丽说。

"这就是秘书的工作。何况婉言谢绝也不费什么事。"经理说，"重要的是，我们不能给别人一种店大欺客的感觉。我们公司希望在中国扎根，成为一家百年老店。作为百年老店靠什么？靠的是诚信！诚信是什么？诚信就是童叟无欺！你们经常去麦当劳，为什么不学学人家？据说前些天高考，很多考生拿着复习课本去麦当劳，许多考生只要一杯饮料，有的甚至连一杯饮料都不买，在麦当劳一待就是好几个小时。对于这些考生，麦当劳不但不赶他们走，反而特意为他们延长了营业时间。"

振聋发聩！办公室里鸦雀无声。

"话又说回来，你们以貌取人，要是那位穿中山装的客人是公司某位老总的亲戚或其他重要单位的客人，你们怎么收拾局面?！"经理盯着大家问。

"作为前台的值班秘书，用现在时髦的话来说，你就是公司形象的代言人。许多客人对公司的第一印象，就来自于你们这些前台值班秘书的态度，他们往往会把你的态度当作公司对他们的态度，他们也会把你的态度当作公司领导对他们的态度。所以，你们大家都要真正记住'来的都是客'这句古训！这不是老生常谈唱高调！客人就是我们的衣食父母，你今天用什么态度接待客人，客人明天就会用什么态度对待我们的公司！"

办公室的空气似乎凝固了，让人感到有些压抑。

"另外还有一点，要提醒你们注意，接待客人不只是值班秘书一个人的事。客人是公司的客人，但现在有些人在走廊上碰到客人，却视而不见。在你们看来，这只是一件小事，但在客人看来，这是你们做秘书的缺乏教养的表现，是你们公司管理不严的表现。不是你值班，不一定要专门停下来打招呼，但是，点个头、问声好的礼貌还是要有的。下次谁见了客人连点头招呼都没有，只要让我发现了，我将严惩不贷！"

经理做了一个重拳出击的动作。

26篇
做事必须留有余地

八月×日

　　下午一点刚上班，进出口部的冯经理就来找我商量，说原定明天下午三点孙总与新疆天山国际贸易公司的谈判能否提前到今天下午三点半，因为天山公司的赵总刚接到家里打来的电话，说赵总的父亲因心脏病突发，已住进了医院，生命垂危，赵总希望乘今晚十一点最后一班飞往乌鲁木齐的飞机赶回去。

　　我看了看孙总这几天的日程安排，调整起来难度很大。如果孙总今天下午三点半与天山公司会谈，那么就得推迟原订与法国 CM 公司的谈判，而法国 CM 公司的人明天下午返回巴黎。如果将与 CM 公司的会谈安排在明天上午，但明天上午 CM 公司的人会不会另有安排呢？如果 CM 公司的人明天上午能安排出时间谈判，那么，原订明天上午孙总去国际贸易促进会拜访陈主任的安排又得推迟。而安排孙总拜会陈主任双方私下都费了不少周折。如果我们单方面将拜访的时间推迟，不仅有可能会给人家一个我们不讲诚信的印象，而且能否再次安排约见陈主任还是一个问题。即使人家同意再次安排时间见面，又不知道要费多少周折。如果与陈主任的见面时间迟迟不能安排，那么我们的 CR 项目只能处于"待机"状态……

近来孙总的安排实在太紧张了，现在天山公司这一变，让我为难了。可是，赵总这边又是个实际问题，即使没有生意上的关系，当得知赵总的父亲病危住院后，孙总也应抽出时间看望一下赵总，表示慰问。

"如果孙总今天下午实在抽不出时间来，能不能请孙总今晚与赵总谈一谈？"

冯经理见我有些不好办，提出这样的建议。我们公司为天山公司从日本引进一条一千多万美元的羊毛加工生产线，技术性的条件已谈定，主要是在付款方式和时间上有几个问题，需要孙总出面拍板。

"冯经理，我马上向孙总汇报，尽快给你答复，好吗？"我说。

今晚孙总已定好参加天健金卡会员联谊会，这是一个社交兼休闲性质的聚会，如果是别的俱乐部，我会马上答应冯经理可以商量，可这个俱乐部的聚会，我不能做任何表态。其实，孙总是不太喜欢参加这种社交休闲性质的俱乐部的，但是天健俱乐部的老板余丽是孙总从小学到高中的同学。虽然我不知道能否用"青梅竹马"这个词来形容她与孙总的关系，但从她在电话中提起孙总时那种随便甚至可以说是亲昵的语气来看，他俩的关系的确非同一般。孙总有几次答应去天健俱乐部，但因为忙最后都没去成，余丽已在电话里"批评"我好几回了，说"身体是革命的本钱""不会休息就不会工作"之类的，所以，孙总今晚到底怎么安排，只有孙总自己决定。

平时，孙总讨厌下午一点半之前接电话或见客人。今天事情急，如果孙总同意今天下午见赵总，那我就得提前通知法国CM公司的人，所以，冯经理一离开，我就去敲孙总的门，把冯经理说的情况向孙总做了汇报。

"冯经理说，如果今天下午实在安排不了，那今天晚上也行。"

"那就今天晚上吧。"孙总说，"赵总千里迢迢从乌鲁木齐过来，我本应早点安排时间见他，现在他父亲也住院了，我再忙也得抽时间见他。"

"那原定今晚的安排怎么办？"我提醒孙总。

"我今晚还有安排吗？"孙总突然一拍自己的脑门，像是在问自己，又像是在问我。

每个上司似乎多多少少都有些"雷区"。听孟姐说，姜总就不喜欢听人家说"苹果"这两个字，更不愿看到人家当着他的面削苹果，据说一听人家说"苹果"或看人家削苹果，他的牙齿就会发酸，像要马上全部脱落似的。孙总与余丽这种个人关系，对于我来说就是一个"雷区"。我不能去碰；即使遇到了，也得绕道而行。当然，孙总也知道我在保护他的这个"雷区"。这是心照不宣的事。

"小于，余总那个聚会我就不参加了。你马上通知冯经理，让他安排今晚七点与赵总的见面。你把冯经理与赵总他们前期会谈的一些备忘录也给我送来。"孙总想了想，果断地说。

"另外，余总那边，你也帮我解释一下。我自己越解释她越不相信。"

"孙总，你看今晚这么安排行不行？"我想了一下后说，"由于赵总今晚也要飞回乌鲁木齐，是不是让冯经理他们把时间提前到今晚六点，边吃边谈；早点谈完，赵总他们可以去机场赶飞机；而您如果不累，也可以在九点左右赶到天健俱乐部，虽然晚了一点，但聚会到十点半才结束，您看这样如何？"

一个优秀的秘书，在把那些棘手的问题交给上司时，应尽量避免让上司做是非题，而是让上司做选择题。当然，最好是不要把矛盾上交。

"行！"孙总说，"小于，这事由你处理！"

这事总算解决了，但还是出了身冷汗。今天，赵总那边出了一点变化，就像推倒一副多米诺骨牌，差点让我不知怎样收场。

对于秘书来说，如果说存档是最繁杂的事，那么给上司安排日程则是最难办的事。对于现在公司的领导人来说，他们工作的一个最大特点就是一个"忙"字，从内部的人事安排，到外部的市场竞争，可以说是千头万绪。为了让上司抓住大事，抓住重点，提高工作效率，上司工作本身也要有个计划，不能胡子眉毛一把抓，到头来捡了芝麻丢了西瓜。所以，作为上司的助手，秘书给上司安排工作日程非常重要。

上个星期，我在给孙总安排这个星期的工作日程时，就觉得日程安排得太满，因为给上司安排工作日程，不仅要注意工作效率，还得兼顾上司身体健康状况，否则身体吃不消，效率也就没了。当时，我征求孙总的意见，他说自己身体一点问题也没有，既然这些事都成了堆，那也就水来土掩，兵来将挡。

在日程安排中，没有留有充分的余地，是我这次最大的失误。今天下午跟法国 CM 公司的会谈，好在还是双方各自介绍情况，还没到讨价还价、针锋相对的阶段，所以时间还能控制。要是到了合同签约的时候，双方寸土不让，谁能保证会谈时间到点就结束？会谈时间一拖，又有谁能保证六点孙总就能去见赵总？即使孙总能在六点匆匆忙忙赶去见赵总，孙总有时间准备和思考如何与赵总谈判吗？孙总即使见了赵总，可能头脑里还想着 CM 公司的事……看来在给上司安排工作日程时，不能违反"时间上一定要留有余地"的原则，不能什么都依着上司的习惯来，否则，秘书给上司安排工作日程还有什么意义呢？

吃一堑，得长一智。

27篇
与时尚保持1米的距离

⊙ 八月×日

　　早晨一进办公室，玛丽就将挂在脖子上的新苹果手机向我晃了晃。手机上还挂了个黄绿相间的卡通娃娃。当玛丽得意地向我晃她的手机时，也被经理看到了。

　　"玛丽，你脖子上挂的是什么玩意儿？"经理冷冰冰地问。

　　"手机。"玛丽不知道经理为什么明知故问。

　　"手机不要挂在脖子上！"

　　"为什么呀？"

　　"这里不是游乐场，你也不是中学生！"

　　我也觉得经理今天不太对劲，有些家长作风。

　　"那我的手机放哪儿？"玛丽不敢跟经理再"顶"了。

　　"该放哪儿就放哪儿！"经理说着就出去了。

办公室里的空气似乎凝固了，尽管刚才还是叽叽喳喳的。

"头儿今天是怎么啦？"过了好一阵儿，玛丽才像缓过神来似的问。

"玛丽，不管头儿怎么样，你把手机挂在脖子上，又配上那么显眼的卡通娃娃，确实不太合适，让客人看见了，会给人一种与整个办公室环境不相协调的感觉。"

孟姐见玛丽还没有想通，便跟玛丽解释。

"那我总不能不用手机吧？"玛丽说。

"其实，你在办公室的时候，可以把手机放在抽屉里；出了办公室，手机挂哪儿都可以。"孟姐接着说，"玛丽，我还要多说几句，你今天这条裙子的确很漂亮，又很合身，但我觉得穿着上班有些不太合适。"

"这条裙子很露吗？"玛丽明显有些不服气。

"不是露不露的问题。作为秘书上班的服装，不仅有个形象问题，还有个是不是适合工作的问题。你这条裙子，首先是裙摆和袖子都太长了一点，干起活来会有些不方便；其次是没有口袋，秘书的衣服一定要有口袋，平时放支笔、粘贴纸、名片等常用的小东西，不至于要用的时候到处找，特别是接电话或者在走廊上接受上司临时交办的事情时，能随时记录下来。有了口袋，你的手机就有地方放了。还有一点，你这裙子虽不是很艳，但还是很容易显脏，所以穿着上班有些不太合适。"

见玛丽还是有些口服心不服的神态，孟姐似乎知道玛丽心里在想什么，于是说："玛丽，我并不是要大家穿得千篇一律，没有一点个性化，但是，当秘书在选择上班服装的时候，必须首先考虑工作的需要，在这个基础上再考虑个性化。还有，你的首饰：虽然你的戒指不显眼，但你耳环上的耳坠还是太长了，有些显眼；不是说我们做秘书的不能戴首饰，而是我们戴的首饰不要过于张扬，这样，不至于在接待客人时，让人觉得不太协调。"

最近，天气不仅越来越热，而且空气的湿度也越来越大，难怪有人称这种天气叫桑拿天。

快到中午的时候，小石气喘吁吁地从外面办事回来，满头大汗。她只拿纸巾擦了擦汗，就开始埋头整理文件资料。我见她还有些头发沾在眼角边，便说："小石，看你出了那么多汗，去补个妆吧。你这些文件资料我帮你一起整理。"

"没什么。"

小石有些不在意，继续埋头干活。

可能是刚从学校毕业不久的缘故，她对自己的外在形象还是不怎么太在意。作为秘书，必须养成随时随地注意保持自己良好的职业形象的习惯，因为无论是你接电话时说话的口气，还是给客人送茶时的姿势，都代表着公司的形象，无形中传递着公司的信息，客人能从你的言谈举止和衣着打扮上看到公司的管理水平和文化品位。可以说，秘书个人在衣着打扮上的爱好和习惯，早已超越了其本身的个人意义，它是公司整体形象的一部分。

中午吃饭的时候，小石问我："于雪，刚才我在洗手间补妆的时候，看见一个人，她脸上的粉擦得那么厚，整个一幅油画似的，差点吓了我一跳，是哪个公司的客人？"

"她是黑龙江大地公司的秘书。跟他们老总来见王总的。"玛丽说，"我觉得她化妆很得体，没有什么不好的呀！"

"好什么呀？！"小石不屑地说："给人的感觉就像是从卡拉 OK 厅里出来的小姐似的。"

"小石，你怎么那么顽固不化！我看你是得了时尚恐惧症了！现在都什么年代了，像她那么好的身材，妆稍微化浓一点，既显时尚，又显性感。不这么化妆那才叫冤！"

玛丽接着说："小石，你老是化这么淡的妆，有时甚至不化妆，到你成黄脸婆的时候，不后悔才怪！"

我觉得她俩像在玩跷跷板游戏，一人坐在一个极端。其实，秘书化妆应该是浓一点儿还是淡一点儿，并没有什么标准，只要与自己的肤色脸型相配，又与办公室的工作环境相协调就行。

在讲究"时尚"的今天，秘书如果一味地追赶潮流，将所有的流行前卫的东西都带到办公室，可能会给自己的工作带来一些意想不到的麻烦。妙龄花季，追求时尚与前卫，并不是说她们不美，而是这些标新立异与工作环境不协调。因为公司领导人与一般的员工相比，特别是与秘书相比，年龄普遍偏高，而且男性占多数。他们的审美情趣不仅没有秘书们那么前卫时尚，可能还有些保守甚至落后。在他们眼里，秘书如果化妆打扮标新立异，则多半是庸俗和轻浮的。因此，从这个意义上来说，秘书应当与时尚前卫保持1米的安全距离。

"于雪，化妆我老是把握不好分寸，化来化去，不是浓了就是淡了。"小石说。

"不要紧。"我说，"其实，我们每天早上上班的时候，互相检查一下，如谁的眉毛太浓、口红太鲜艳，或者谁的衣服皱了，互相提醒提醒，这样，久而久之，不但自己能慢慢把握分寸，而且也能保持我们的整体形象。"

"于雪，在你看来，什么样的形象是我们这些女秘书的最佳职业形象？"玛丽突然变得很严肃似的问我。

萝卜青菜，各有所爱；见仁见智，很难强求。我开玩笑说："我最喜欢的职业女秘书形象，应该是曹禺笔下昭君出塞时的样子。"

"那是个什么样子？"玛丽和小石异口同声地问。

"淡淡妆，天然样，就这样一个汉家姑娘……"

28篇
控制好自己的情绪

天空一早就阴沉沉的，雨像要下却下不来似的。

下午一上班，楼下大厅就来电话，让小石下去取今天的邮件。不巧的是，小石刚下楼，经理就回来了，找小石要几份文件，托尼说小石刚下楼去取信件，很快就能回来，但经理的脸仍旧是拉得长长的。

小石抱着一大堆信件刚进门，经理就批评开了："小石，部门是怎么分工的？你怎么老是种了人家的田，荒了自己的地？！"

小石的脸马上涨红得像块猪肝，欲哭无泪。原来，部门分工每天下楼取邮件是玛丽的事。玛丽上个星期因父亲住院请了几天假，经理便安排小石临时帮玛丽几天，但这个星期玛丽上班后，楼下大堂以为还是小石负责，便每天仍然打电话给小石，让小石下去取。小石本想把这份工作移交给玛丽，但又磨不开面子，而且也觉得多做这份工作也没什么，所以，也就一直这么稀里糊涂地做着。她万万没想到自己做了好事，反而挨了经理的训。

小石赶紧把经理要的几份文件找了出来，待经理一走，嘴里就嘀嘀咕咕地嘟囔起来，像是在骂玛丽（玛丽一直装着没看见），但更像是在骂自己。这时，小石桌上的电话铃响了，小石拿起话筒就挂了。

在这种高度紧张而又竞争激烈的环境中工作，人们受一些委屈、发一些牢骚是很正常的，心里有了负面情绪就必须发泄，这也是很自然的。如果不把它发泄出去，它就会逐渐地越积越多，乃至引起最后的总爆发。压力释放是一个必要的行为。学会有效释放压力是身心健康的标志。像这样在办公室拿工作撒气，不仅解决不了任何问题，反而会使自己的情绪更加恶劣，也会影响周围同事的情绪。

这种发泄虽然是一种正常的心理"自卫"，但在一些领导人看来，在办公室发牢骚，不仅会惹是生非，而且容易造成彼此猜疑，影响其他同事的情绪。在这种激烈竞争的环境中，秘书必须学会控制自己的情绪。好在小石刚来公司不久，不直接协助公司领导的工作。如果要是直接协助公司领导工作，当你给上司汇报时，或者上司在与客人会谈时让你去添点茶水时，让上司和客人看到你的脸像苦瓜一样，那又会是一种什么后果呢？

其实，有时候问题本来很简单，只是我们把问题复杂化了。如果小石直接找玛丽交换一下意见，玛丽也不见得会怎样，问题很容易解决。这大概就是人们常说的钻牛角尖吧。这么发牢骚，其实就是拿人家的失误惩罚自己，何苦呢？

也许是情绪不好，下午小石在值班时，在接客人的名片时，将九龙公司老总单（音 shàn）建国的"单"念成"单（dān）"，让单总非常尴尬。好在单总的秘书机灵，说他们公司的员工高兴时也叫他"单（dān）总"。

下班前，经理不仅批评了小石，也把我这个"师傅"捎带着批评了："我跟你们说过多少次了，客人来访，你双手接过名片，在你确认客人的身份时不要念出声来，这是对客人的尊重；只有你不认识对方姓名时才可以向对方请教。可你不仅念了名片，还把人家的姓念错了！你一天到晚在想些什么？！"

下班的时候，小石和我一起下楼，天空中开始下起雨来了，小石忘了带伞，于是，又发起牢骚来："今天怎么喝凉水都塞牙？！这雨怎么早不下，晚不下，偏偏下班的时候下？"

我撑开我的伞，挽着小石的胳膊，朝地铁车站走去。

天要下雨谁也阻挡不了，你没有必要去钻牛角尖，发牢骚也没有一点用。

29篇
老板不会提供免费的午餐

⑨八月×日

　　王晶的妈妈已给我来了几次电话，要我星期天到她家去玩玩，和王晶聊聊天。她说王晶现在心情非常不好，整天闷在家里。

　　在学校时，王晶和我是好朋友。离毕业还有两个月的时候，王晶突然不辞而别。后来听她妈妈说，因为家里不同意她与一个没有正式工作的人谈恋爱，所以她赌气去了深圳，投奔她姑姑去了。之后我与她就几乎没有什么联系了。

　　尽管八月底的北京气温高达三十多度，但空调的冷气使我们的谈话多了一些凝重。王晶看上去成熟多了，但显得很憔悴。我品着略带苦涩的咖啡，听王晶慢慢叙说她这几年在深圳打拼的历程。目光一直飘向窗外的王晶，轻轻地喝了一口咖啡后幽幽地说："刚到深圳时，由于姑父的推荐，我在一家相当有名的跨国公司找到了一份秘书工作，那时，我每个月有一万多元的收入，又摆脱了失恋的痛苦，觉得深圳简直是个天堂。但大概也就是半年多一点儿时间，姑姑一家移民澳大利亚。从此以后，我要自己花钱租房子，而且不久，我的主管利用我工作中的一次偶然的失误，炒了我的鱿鱼。一开始，我还满不在乎，找工作的时候，小一点儿的公司不愿去，但大一点儿的公司又嫌我学历不高。随着存折上的积蓄越来越少，我感到了生活的压力。从此，我也像一只不知疲倦的小鸟，在一幢幢写字楼之间飞来飞去，到处找工作。深圳是个不夜城，一到傍晚，华灯初上，是一天最繁华的时候。这时，打扮得花枝招展的姑娘们都像蝴蝶一样，飞向那大大小小的歌厅酒楼。而每天的这个时候，是我最累、最痛苦的时候，因为我跟几个在工厂打工的姑娘合租了一套房子，我只有等她们吃完饭，冲完凉才能回去，不然我忍受不了她们炒菜时辣椒呛人的味道和她们互相之间的吵吵闹闹。

"有一天，大概是在傍晚七八点的时候，我坐在路边上休息。几个小流氓一样的人走了过来，竟搭讪着问我要多少钱，当时我吓得直想哭。其中一个人模狗样的人也许是见我长得还可以，就死死地跟着我，要我陪他去喝酒，见我总不开口，便把陪酒小费从500元一直涨到了5000元。我的不理不睬，最后让他恼羞成怒，破口大骂：'你以为自己是什么东西……'满口污言秽语。

"'你给我滚开！'

"我实在忍不了他这种侮辱，用尽全身力气对那人吼了一声。这时，正好有一辆凯迪拉克路过；车停了下来，从车里走出一位老板，问明情况后，很礼貌地对我说：'小姐，你是不是遇到麻烦了？这个时候一个人出来，确实会让人产生误会！'

"'谢谢！'我立即对这位绅士产生了好感。

"'你得尽快离开这里。如果你不介意，我请你吃夜宵，好吗？'见他不像坏人，惊魂未定的我赶忙点了点头。吃饭的时候，我知道了这位老板实际是台湾地区一家公司在深圳分公司的总经理。听了我的遭遇和处境后，他说他正缺一位秘书，问我愿不愿意给他当秘书。我当然是求之不得。我说我学的就是秘书专业，也做过秘书，他便让我第二天到他公司人事部报到，月薪8000元，虽然比以前少了一些，但我觉得我还是捡到了一个从天上掉下来的馅饼。

"由于有了上次的经历，我知道了没钱的滋味和找工作的艰辛，于是，我工作非常卖力，不久，老板不仅给我加了薪，还免费为我租了公寓，并说为了我工作的方便，给我配备了一辆汽车。

"有一天晚上，我陪他在外面应酬。他有些喝多了，我开车送他回家，他说反正回去也没事，要到我住的地方再喝点酒。于是，我俩边喝边聊，聊起来就没完，聊完了工作聊生活。本来我们是在两张沙发上坐着，不知什么时候，他不仅坐到我的沙发上来了，而且挨得很近，我们坐到了一起。

"'小晶，我想给你买套房子。'

"'是吗？'我简直不相信自己的耳朵，以为他是酒喝多了信口开河。

"'是真的。这房子太小了。'

"老板说着，他的一只手从后边搭到了我的肩上。就这一下，我突然明白了，我已落入一个陷阱里，他在逼我同他做交易。我必须马上决定是否同他做这笔交易。怎么办？如果我轻轻一推，我不仅没有房子了，连现在的公寓、车子，甚至连工作可能都没有了。我可能又得像以前那样，一文不名……掉进一个万劫不复的深渊，多么可怕！

"如果我接受了他的拥抱，那又怎样？看着他那保养得相当好的脸庞，我又觉得这人还不错：给他当了一年的秘书，觉得他不仅有学问，待人和气，而且平时很少进歌厅或在外边拈花惹草。

"在深圳的公司多如牛毛，有公司就有总经理，有总经理就有秘书，是秘书就是女秘书，像我这样的女秘书，在深圳有成千上万；我又能有什么太高的奢求！我终于闭上了眼睛……

"不久，他的老婆似乎听到了什么风声，赶了过来。她那模样简直丑得吓人，这反而让我更加同情老板。一天，老板悄悄对我说，他的老婆昨晚跟他吵了一夜，一定要他炒我的鱿鱼。

由于他也是在给他老婆打工，所以，他在我的卡上存了一笔钱，让我先回北京休息一段时间，等他老婆回去后我再回来。他送我到机场时对我说：'等我能自立门户，有了自己的天地后，我一定与老婆离婚，你等着我吧。'"

"你相信他说的是真的吗？"我问。

"我不相信又能怎样？昨天我给公司打电话，他老婆还在。"

近水楼台先得月，草木花卉先逢春。秘书与老板接触多，互相了解也多一些，因而在成长的道路上，与一般的员工相比，升职加薪的机会也多一些，这是正常现象。但是，当你看着馅饼从天上朝你掉下来的时候，最好还是看看自己脚底下有没有陷阱。机会多，诱惑也就多；诱惑多，陷阱也就多。在这个世界里，免费的午餐越来越少了！

"走，我请你到外面吃饭去。"看天色已晚，我说。

"不想吃，也不想出去。"

"我想起了一个好地方，你肯定想去。"

"什么地方？"

"我们学校后门东边那个小餐厅，你还记得吗？"

王晶笑了："你怎么想起那个餐厅来了？"

"我觉得你很留恋它。"

"我为什么留恋它？"王晶鄙夷地说，"那个餐厅，和你去过那一次后，我就再也没去过那个鬼地方！那几个服务员态度差不说，菜里还吃出苍蝇来，想起来我现在还觉得恶心。"

我笑着说："我听你讲的这些，也觉得你那个老板也就是这么个破餐厅。他那边贪他老婆的财，这边恋你的色，一点也不负责任，可你现在对他仍然恋恋不舍。这跟一个人留恋那个破餐厅有什么不同？"

　　"我已经看透了这一切！"

　　"你可能不是留恋，而是不甘心。可这又有什么意思呢？开始新的生活吧。"

　　王晶默不作声……

30篇
兴趣要广泛，学习能力要强

🌙 九月×日

不知不觉已进入了秋天，一天比一天凉了起来。今天上午一个客人也没有，公司几位上司都在自己的办公室忙自己的事。

"这样的情况每年都要出现三四次。凭我的感觉，今天上午一个客人也不会来了。"经理说，"孟惠，你是不是也这种感觉？"

孟姐点点头。

经理说自己也有第六感，这让我感到新鲜。

"除了留一个人值班，其他的人都跟我到第一接待室去。艾丽丝，你留下来吧。"

大家都跟着经理来到第一接待室。

"我觉得你们几个年轻人作为秘书，知识面还是太窄，兴趣还是不广，所以，今天有点空闲时候，一起来谈谈'话题'这个话题。"

经理开门见山。

"'话题'是什么？"小石问。

我也觉得经理像在说绕口令。

"话题就是谈话的内容。"经理说。

"作为秘书，与客人交谈是一项很重要的日常工作。作为一个优秀成熟的秘书，你不仅在与客人的交流时能听懂客人说话的内容，而且还应能根据客人的兴趣，进行深入的交流，不能只会说'真的吗'或'是的'这几个字。如果你老是说这几个字，就会让客人兴趣索然。"

经理喝了一口水接着说："假如在足球世界杯赛期间，客人问你是喜欢巴西队还是德国队，你是喜欢罗纳尔多还是喜欢贝克汉姆……他一看，你是一问三不知，那会是一种什么情景？这就是我们今天要谈的'话题'的目的。"

"这种情况遇到得多吗？"小石问。

"当然很多。"经理兴趣盎然地说，"我们在日常工作中常常会遇到这种情况：客人按预约的时间来访，可上司一时还离不开，要么是与前面的客人没谈完，要么是在打一个长途电话，需要让客人等一会儿。在这个时候，你总不能让客人干等吧，你就得替上司招待客人。如果客人有几位，他们自己可能会聊点什么；如果只有一位客人，你让他干等，他就会越等越急躁。

因此，秘书在这个时候应该跟客人聊点什么。在这种情况下，客人一般会主动提一些话题。这时，秘书就应根据客人提起的话题与他进行交谈。如果能与客人进行这种交流，客人不仅不会焦急，而且对你本人会产生一种信任感。"

"还有就是，上司与客人见面的时候，也会有些寒暄，如果是老朋友，寒暄的时间可能会长一点，寒暄的话题也会多一些。如果秘书对他们聊的话题一点儿都听不懂，那也是一件很尴尬的事情。"孟姐补充说，"所以，作为秘书，你们应该加强这方面的训练。"

"实际上，你就是要我们见人说人话，见鬼说鬼话？"玛丽问经理。

大家哄堂大笑。

经理点点头说："你这么理解也没错。"

孟姐也笑着说："说在什么山上唱什么歌更贴切些。"

"上次上海刘总来谈一个纳米项目。纳米到底是什么，后来我也翻了些资料，觉得怎么也理解不了，纳米似乎是个长度单位，可一个长度单位怎么有那么大的能量，现在这也是纳米，那也是纳米，像一阵风似的，越来越时髦。经理您能不能给我们说说纳米的事？"玛丽说。

"纳米是什么，这么时髦的东西，我真还一下子也说不清楚。"经理摸了摸头，有些不好意思地说，"托尼，你给她们说说。"

托尼装出一副学富五车的样子，摇头晃脑地说起来了："纳米，用nm表示，1纳米等于1毫微米，如同厘米、分米和米一样，是长度的度量单位。具体地说，1纳米等于十亿分之一米的长度，万分之一头发粗细。"

"托尼，十亿分之一米，太抽象了，你能不能说得形象一点，1纳米大的东西，到底有多大？"玛丽似乎得了"概念"恐惧症，一听人家讲概念，就有些坐不住了。

"玛丽，我这么跟你说吧，把一纳米的物体放到乒乓球上，就像把一个乒乓球放在地球上一样。就是这么个比例。"

"1纳米这么小！"玛丽有些不太相信。

"这么个小东西，现在怎么变得那么神奇？"孟姐也被这么个小东西吸引了。

"这个可能要从物质的特性说起了。"托尼变得严肃起来了，"物质是由原子构成的，决定物质性质的是这些物质原子的排列形式。为什么牛肉能吃而不能写字，钢笔能写字而不能吃，这是由牛肉和钢笔内部原子排列形式的不同决定的。所以，如果改变物质原子排列的形式，物质的特性也就改变了。现在所谓的纳米技术，说白一点，就是改变物质内部的原子排列的形式。如果我们将煤炭中的原子重新排列，就可能得到钻石；如果向沙子中加入一些微量元素，并将其原子重新排列，就能制成电脑芯片。听起来是不是有点玄？"

"托尼，听说能用纳米技术造太空电梯，到底是怎么回事？"小石很认真地问。

"怎么，小石，你也想上太空去逛逛？可惜你姓石，不姓盖茨！"玛丽似乎觉得小石比较老实，老喜欢拿她开玩笑。

"用纳米技术造太空电梯，目前还只是种设想，但理论上是可行的。它是这样的，用纳米技术制造出碳纳米管。碳纳米管是石墨中一层或几层碳原子卷曲而成的筒状'纤维'，内部是空的，外部直径只有几纳米到几十纳米。这样的材料很轻，但很结实。它的密度是钢的1/6，而强度却是钢的100倍。用这样又轻又柔软、又结实的材料做成绳索，就可以从月球挂到地球上；这种绳索的最大特点就是不会被它自身重量所拉断。这就是现在人们常说的太空电梯的设想。"

经理说："托尼，谢谢你给大家，特别是给我上了很好的一课。作为秘书，我没有资格倚老卖老，也必须加强学习。现在科技发展日新月异，报纸上、电视里，一天到晚都是新名词、新信息。除了'纳米'，还有什么'AI''大数据''云计算'等，这就要求我们秘书平时注意多学习。这既是工作的需要，也是日常生活的需要。比方说，有客人问你，为什么要保护大熊猫和其他珍稀野生动物，如果没有一定的科学素养，回答就很难得体。"

"经理说得对，作为秘书，我们必须具备一定的科学素养。这我也有同感。"孟姐接着经理的话题说，"不过，科学素养并不是会背几个新名词，还包括了用科学思想、科学精神、科学方法去看问题和思考问题，从而看出这些科学成果对我们工作和生活的意义和影响……"

就在这时，艾丽丝来电话说姜总找经理。

"头儿，如果姜总让你去月球出差，别忘了也叫上我们几个！"玛丽开玩笑说。

大家都笑了。笑得那么开心，似乎到国庆节长假，我们就能去月球旅行了。

31篇
秘书的"成熟"比英语更重要

⟲ 九月×日

上午十一点左右，姜总对我说，下午两点他有几个当年一起下乡的朋友要来，让我去通知总务部门的人准备好龙井茶。当时我正准备出门陪孙总到长城饭店见客户，便让坐在我旁边新来的小敏去通知总务部门的人准备。

小敏一开始打电话，对方没人接，于是她起身亲自去行政部去通知；不久，她就回来了。下午四点客人走后，姜总把我叫进他的办公室批评了一顿，问我为什么不给客人准备好龙井茶，只让客人喝普通的纸袋茶；我被训完之后出来问小敏是怎么回事，她说她去总务部时那里没有一个人，她便在负责接待的人的座位上留了一张纸条。

我问："既然负责接待的人不在，那你为什么不能自己给客人准备好茶叶？"

小敏回答："我是秘书，不是泡茶的！"

这让当时在场的孟姐等人感到非常惊讶。下班时，经理悄悄告诉我，姜总听说这件事后非常生气，让他准备换人。

回到家里，我心里很不好受，小敏毕业于北京最著名的大学，学的是英语专业，大学毕业后又被送到英国进修两年，前不久回国，跳槽到我们公司。她说的英语比一般的英国人还地道。

这么好的条件被炒鱿鱼了确实令人扼腕。的确，作为一个秘书，如果你能说一口流利的英语，那你就具备了一种天然的职业优势。在十几二十年前，只要你英语不错，一般的外企都会向你张开双臂热烈拥抱你。尽管现在会说英语的人越来越多，但流利的英语口语仍然是挤进外企最有力的敲门砖之一。然而，英语优秀并不等于工作也优秀，更不能说明你就是一个优秀的秘书。对于姜总来说，不管是谁泡的茶，只要把客人招待好就行。当负责泡茶的人不在时，作为秘书，你就应该主动去办好这件事。秘书对自己职责范围内的工作视而不见就是失职，是一种不成熟的表现。

晚上我失眠了，我有一种危机感，我感到领导们选择秘书的标准正在悄悄地改变。也许正是因为会说英语的人越来越多，他们开始更看重英语以外的素质和能力了。与过去喜欢秘书的英语水平相比，现在的上司们已经更看重"成熟"了。

什么是成熟？对一个秘书来说，"成熟"就是责任感强、工作踏实、具备丰富的经验和社会常识、情绪稳定等，这也是"综合素质"的具体表现。从事秘书工作必须具备相当的专业能力，但是，如果你被上司看作是一个"不成熟"的人，哪怕你专业能力再强，也算不上是个称职的秘书。

32篇
"常识"是秘书成长的基石

九月×日

昨夜的雨似乎到今早才停，一出门就感到格外凉爽，一场秋雨一场凉。我喜欢秋天，长空万里，碧澄如水，让人心旷神怡。

明天公司的几个主要领导人都要陪同从日本来的新董事长伊藤先生去昌平的工厂视察，顺便游览长城。一上班，经理就自言自语："昨晚下了一晚上的雨，今天雨虽停了，但明天会不会又下雨呢？"于是，招呼小石了解一下明天的天气情况。

"到哪里去了解？"小石正在整理李总上星期出差的一大堆费用单据，脑筋似乎还没有转过弯来。

"你的手机上就可以查呀！"孟姐说。

经理似乎一直认为小石办事认真、踏实，但又总感到她缺少点儿机灵劲儿。

小石在自己的手机上找到天气预报，告诉经理明天又是个大晴天。但经理仍然不满意："小石，连这样常识性的东西还要问别人，今后这样可不行。做秘书不是做花瓶，仅仅要求好看。秘书是上司身边的工具箱，需要的时候随时能派得上用场。"

"头儿最近的火气是不是太大了一点？"等经理出门后，玛丽说，"不就是查个天气预报吗，至于这么小题大做吗？"

"头儿火气可能是大了点，但他的心情应该能够理解。"孟姐说，"查天气预报是种常识，作为秘书这么点常识都没有，确实说不过去。每一种社会职业都有自己的特长，销售部的人会做买卖，开发部的人会搞科研，而我们秘书部门的人的特长是什么？我们秘书的特长应该就是有非常丰富的常识。一个优秀的秘书，应该是一个常识非常丰富的人。"

玛丽不以为然。

"工作和生活中的许多常识，即使忘了，就像小石刚才这样问你一下，不就得了，能有什么事？"

"不对！"孟姐说话的语气仍然很柔和，但让人感到了严厉，"假如你陪上司外出办事，上司年纪大了，突然心脏病发作，或者出现脑溢血等紧急情况，在这种紧急情况下，你应该是掏出手机，凭直觉就拨120急救电话。如果你把急救电话号码忘了，还要问旁边的人，或者查效率手册什么的，浪费了宝贵的抢救时间，别说几分钟，就是几秒钟，都可以说是你秘书的失职。"

玛丽不说话了。

"当然，在我们的日常工作中，像这种危险的突发性事件很少出现，但是，有大量的特殊情况需要我们秘书凭直觉来处理。比方说上午十一点，上司正在会见客人，一个客户公司的秘书来电话说，原定于今天下午两点，他们的老总到我们公司来会谈，由于种种原因，他们的老总脱不开身，希望我们的老总到他们公司去谈。下午能不能过去，请马上答复他们。在这种情况下，就要求我们秘书在向上司汇报之前，凭直觉拿出自己的腹案。因为给上司考虑的时间也不多，而且在这种情况下去请示上司，上司的脑筋也不一定一下子就转得过弯来，也会感到左右为难。要在很短的时间内做出判断，只能凭直觉了。又比方，上司正在开董事会，外面来了一个找上司的电话，说有很急很重要的事。在一般情况下，开董事会这种很重要的会议时是不能接电话的。在这个时候，你就得凭自己的直觉判断，是不是把电话转给上司。如果你公事公办，把电话推了，让上司知道了，他就有可能要训斥你，因为也许他整整一个上午都在等这个电话。"

"秘书的直觉从哪里来？"小石开始感到了秘书工作的不容易。

"秘书的直觉来自常识和经验积累。"孟姐说，"如果秘书平时对上司工作的职责、负责的范围、思考问题的方法和为人处世的态度有比较多的了解，就能很快做出判断，向上司提出自己的想法。没有丰富的常识和经验做储备，你就产生不了正确的直觉，一遇到特别一点的情况，你就只能把矛盾上交，让上司自己一个人去为难。"

"看来做秘书太难了。"小石感叹地说。

"要说当秘书难，确实是挺难的；但如果要说它容易，确实也挺容易的。"听小石这么说，孟姐笑了，"小石，你仔细想想，从给客人端茶送水，到给上司安排日程和文件存档，秘书的哪一项工作，需要我们像哲学家一样，懂得深奥复杂的理论？又有哪一项工作，要求我们像杂技演员一样，掌握高难度动作的技巧？没有！做秘书工作，只要求我们按常规做好每一件小事。这些小事，都是我们理所当然要做好的小事。但现在的问题是，正因为我们认为它们都是小事，都是理所当然要做好的小事，所以我们自己常常心不在焉，粗枝大叶，犯一些很低级的错误。就比方说120这个急救电话号码，就是因为你们平时觉得它太普通，太容易记了，所以就没有人把它当回事，因此，在真正要用的时候，就想不起它来。经理说秘书是上司身边的工具箱，说起来有点不太好听，但理还是这个理。你们别看工具箱里面只是些改锥、扳手或螺钉什么的，既不值钱，也不显眼，有的甚至还是油腻腻、锈迹斑斑的，但是在一些关键时刻，它们却能派上大用场。"

孟姐说话的声音虽然不高，但像警钟一样让我惊醒。虽然

120、119这类应急电话号码我记得很熟，但是我还是把它们默写了一遍。

　　常识是直觉的邻居。人们常说金钱能使鬼推磨，但对于秘书来说，只有常识才能使鬼推磨，因为在很多时候，你有钱也不一定办得了事。

33篇
秘书不是唯唯诺诺的代名词

○九月×日

爱玛一毕业就去了美国，这是她第一次回国探亲。按钟凯的说法，她出国之前是"华籍美人"，现在是"美籍华人"了。晚上邀了当年班上几个要好的姐们儿哥们儿在香格里拉相聚。

"钟凯，听说你也当老板了，生意怎么样？"

郑玖举着可乐与端着啤酒的钟凯干了一杯。钟凯当年是我们班四十位同学中的三位"党代表"之一。可能是物以稀为贵，班上同学聚会时，他们似乎总是我们议论的中心。

"郑玖，你别挤兑我好不好？我那叫什么公司？草台班子，七八个人，六七条枪，混饭罢了。"钟凯表面上谦虚，看得出来，骨子里面全是自豪。

我们毕业时，所有的女生都找到了工作，唯独他们三位

"党代表"不好找工作，因为没几家公司要男秘书。无可奈何，钟凯到了一家科技公司搞销售。今年夏天，他与公司几个搞销售的朋友合伙，自立门户，开了一家小公司，据说从事 AI 方面的业务，并有天使投资人投了几百万元人民币。几个月过去了，看现在的样子，小日子过得挺滋润的。

"钟凯，现在的公司好做吗？"爱玛有些跃跃欲试的样子，据说她这次回来，也想搞点投资，做些买卖。

"爱玛同志，一言难尽！"钟凯笑着说，"我们当初搞这个公司，并没有太多的想法，就是想趁着自己年轻，换一种活法。一方面锻炼自己，培养能力，将来向管理方向发展；另一方面，如果搞好了，我就一直做下去了，也许一不留神，就成个马云或李彦宏什么的呢！"

"为中国的第二个马云干杯！"郑玖又一次举起了杯。虽然她明年元旦就要做新娘了，但当年暗恋钟凯的那份痴心似乎一点儿也没变。

"现在我们的公司应该说马马虎虎，经营得还可以，但搞公司实在不是件简单的事。不像你们当秘书的，天塌下来有高个子顶着，企业经营得好坏，都是老板的事，秘书大不了少拿点奖金。自己的公司，有许多需要考虑的问题，从投资方向的确定、资金的筹集、经营策略的谋划等都让人操心，特别是投资的风险，它实实在在压在我们几个合伙人的心头，没有胆量不行。但正是因为风险的存在，所以，干起来别有一番乐趣。下一步，我们将以开发 AI 为主。"

"你们也打算搞 AI 开发？"坐在我旁边的郁静轻轻地问钟凯。郁静现在是名列世界 500 强的一家 IT 公司中国办事处人力资源部部长助理。"你们打算搞什么样的 AI ？"

"到底搞什么产品，还没有最后定。"钟凯看着郁静说。看样子，不是没定，而是不太想说。这似乎有同行的关系（尽管不在一个量级上），也可能与他俩关系还有些过节有关。当年，郑玖向钟凯表白的时候，钟凯说自己"心有所属"；第二天，钟凯向郁静表白，郁静说自己"名花有主"。但钟凯似乎又觉得自己现在再没有必要在郁静面前过于拘谨，于是说："我们想的还是比较大的。"

"就你们几个人还想在 AI 方面搞大的动作？"郁静笑着问："真的想跟 BAT（百度、阿里巴巴、腾讯）对着干了？"

"我们不想跟谁对着干，我们只想有一个属于我们自己的世界！"钟凯在郁静面前显得越来越自信了，"再说，AI 产品的市场那么大，我们相信鱼有鱼路，虾有虾路。"

"这么说，你对自己的公司同样充满信心？"郁静知道钟凯忘不了当初那笔旧账，不想听他再这么借题发挥了，所以以守为攻。

钟凯恢复了常态，他没有直接回答郁静的问题，而是盯着郁静反问："郁静，你能借给我一个支点吗？"

"什么样的支点？做什么用？"不仅郁静有些莫名其妙，我们大家都感到莫名其妙。

"如果你能借给我一个支点，我将把整个地球撬动！"钟凯又一次举杯，一饮而尽之后，露出了顽皮的微笑。一种阿基米德式的自信！

"钟凯，你是不是喝多了？"郑玖有些担心地问。

"钟凯，你怎么变得那么自信了？"坐在爱玛身边的雅瑚也忍不住说话了，"好在你没有去当秘书，不然，哪个老板敢用你？"

不管钟凯的公司最终能不能达到预期的目标，就凭他这份勇气，他这份自信，让我们有理由相信他会成功！如果他像雅瑚说的那样去当秘书，我相信，他一样可以成为优秀的秘书！

男人需要自信，女人也需要自信；老板需要自信，秘书同样需要自信！的确，在许多人眼里，秘书，特别是女秘书，是唯唯诺诺、默默无闻、专为人做嫁衣的代名词。上司说一，秘书不能说二；上司说是马，秘书不能说是鹿……但这并不是秘书的全部！

随着时代的发展，企业之间的竞争加剧，企业领导人身上的责任和压力也越来越大。企业领导人身上的责任和压力越大，他们对秘书的期望值自然也就越来越高。因此，秘书也一样面临着时代越来越严峻的挑战！面对这种挑战，如果没有自信，秘书会变成什么样子呢？只有充满自信，才能开启主观能动性的闸门；只有充满自信，才能发动聪明才智的马达。可以说，一个优秀的秘书，比一般的白领更需要有自信。当然，秘书的自信，大多不是挂在嘴上，而是化作了行动。秘书的自信，从不显在脸上，而是渗进了骨子里。一个优秀的秘书，办事谨慎，但从不胆怯；为人宽厚，但绝不懦弱；处世内敛，但永不自卑……

"钟凯，别说这些了，说说你自己的公司吧！"班上的另一位"党代表"韦立一直埋头喝闷酒。他在一家上市公司做董事会秘书，事业上算是少年有成，春风得意，但听说他的女朋友利用他当人梯，出国后把他甩了，所以有些消沉。

"你招了秘书没有？"

"还没来得及，正准备找。"

"我来给你当秘书，行吗？"爱玛开玩笑说，"当年，我的成绩可是比你好多了哦！"

"哥们儿，你千万不能找女秘书！"韦立马上举着酒杯说，"你想想，当年我们毕业的时候找工作多困难，看了人家多少脸色，没有一个老板要男秘书，所以，你当了老板，一定要争口气，不要用女秘书！"

马上有人指责韦立。

"哥们儿，你知道当时我每次被那些老板们拒绝后，心里是怎么想的吗？"钟凯将酒杯与韦立碰了一下。

"你当时是怎么想的？你是不是恨透了我们班所有的女同学，是她们抢走了我们的饭碗？"

"不是。"钟凯笑着说，"每次被拒绝后，回到宿舍，我不仅没有失望，反而对自己发誓，将来我一定要自己当老板！当了老板后，我也一定要找个女秘书！"

　　大伙儿全乐了。

34篇
"写作"是秘书的第一基本功

〇 九月×日

　　上午经理出门之前，找玛丽没找到，便交代我等玛丽回来，让玛丽起草一个会议通知；通知写好之后，请孟姐审审，把把关，明天一上班就要发出去。

　　玛丽不一会儿就回来了。我把经理留下的资料交给她，她一听是让她写东西，脸马上就变形了："头儿要我写东西，不是想谋杀我吧？"

　　办公室有人笑，但没有人附和，于是玛丽又开始叹气："于雪，要是写东西像上网和玩游戏那样容易多好呀！现在干什么都讲'傻瓜'，如'傻瓜'手机，为什么就没有我们秘书用的'傻瓜'写作机？"

　　"现在有很多写作用的'傻瓜'软件。"小石说，"里面什么样的文件模块都有，要写什么就有什么。"

"我知道。"玛丽有些不高兴，"里面就没有会议改地点的范文。"

发牢骚归发牢骚，玛丽手脚还是挺麻利的，也就是十几分钟的事，玛丽根据经理给的背景材料写出了"通知"。

通　知

　　按北京市政府有关部门通知，明年一月份北京将举办国际信息大会，亚洲大饭店需要参与接待其中的五百多客人。我公司原定明年一月举行全年工作总结大会，其间在亚洲大饭店召开研究"精减"机构专题讨论会和CT技术应用研讨会。为了配合北京市政府有关部门的工作，保证我公司会议如期顺利进行，将原定于明年一月五日在亚洲大饭店举行的CT技术应用研讨会，改为一月六日在新世界饭店举行。请各有关单位通知参会的人员，按调整后的时间和地点参会。

东岩国际（中国）有限公司

××年九月×日

我把"通知"递给孟姐，孟姐仔细看了几遍后对玛丽说："玛丽，你这个'通知'，我觉得有几个地方值得推敲：第一，如果加上标题，效果可能会更好；现在各公司每天都收到大量的电子邮件，没有标题，可能很难引起参会单位的注意和重视；

第二，'通知'中的要求更明确一点儿，效果可能会更好，如调整后的会议时间、地点等，比方一月六日的日程是什么，是自由活动还是另有安排，等等；第三，文字可以再精炼一点儿，会议调整的原因是否要说那么多，你再琢磨琢磨。"

孟姐无论是年龄还是工作经验，都是我们的"大姐大"，玛丽也很少跟她开玩笑。玛丽取回"通知"的草稿，在自己的电脑上改了起来，不一会儿，玛丽又将改好的"通知"打印好递给我。效果是比第一次好多了。

关于调整会议时间和地点的通知

各分公司、办事处及相关单位：

为配合国际信息大会的召开，经公司常务会研究决定，对明年一月在北京召开的公司全年总结大会的部分日程进行调整。原定于一月五日在亚洲大酒店举行的 CT 技术研讨会，改为一月六日在新世界大饭店二楼多功能厅举行，时间是上午九点到下午四点半；原定于一月六日举行的集团公司"精减"机构专题讨论会，改为一月五日在本公司大会议室举行，时间是从上午九点开始。请通知会议的相关人员，注意会议日程的调整，做好相应的准备工作。

东岩国际（中国）有限公司

×× 年九月 × 日

"玛丽，我觉得把'精减'改为'精简'比较合适些。"我说。

"'精减'与'精简'有什么大区别？"玛丽不以为然。

"区别还是有的。"我说，"精简机构，是使机构'精'，使机构'简'，就如同精简内容是使内容'精'，使内容'简'；如果将'简'改为'减'，意思就不通了；另外，像解释'精读''精打细算'一样，把'精'理解为'细致地'，那就是说'精减'是'细致地减去'，则更是不好理解了。所以，把'精减'改为'精简'恰当一些。"

"于雪。"玛丽叫道，"都什么年代了，怎么还像只老鼠掉进书库里，老是那样咬文嚼字？这年头谁还有工夫来区别这些差异？比方说，你喜欢听李娜唱的《青藏高原》那首歌，歌里那句'一座座山川'，一听就是个病句，山可以说是'一座座'，川是指河流，怎么也能够说成是'一座座'呢？但现在唱成'一座座山川'，又有什么问题呢？现在还有谁有这个雅兴，去鸡蛋里面挑骨头？《青藏高原》这首歌现在不照样红透了半边天吗？"

这是什么逻辑！人家在王府井大街上随地吐痰没被抓住罚款，你就可以跟着随地吐痰？！

"玛丽，你这种想法有些不对。"孟姐站起身来说，"我们秘书过去叫'文书'，讲究的就是文字功夫。古人为了'僧推月下门'和'僧敲月下门'中的这'推敲'两个字，可以绞尽脑汁；

现在虽然为了效率，不允许我们秘书在写完东西之后，花太多的时间去'推敲'，但是'精益求精'的传统还是不能丢。别看就是这百十来字的东西，发出去之后，就是我们公司水平和品位的象征，所以，该认真的时候就得认真。"

　　由于工作节奏的加快，人们早已不再要求秘书写的公文信函像孔明写的《出师表》那样有文学价值，即使有人写出像《出师表》那样的公文信函，也没有几个人有兴趣去欣赏；现在的公文信函，只要简单明了就行，因此，人们对秘书写作能力的要求也越来越低；另一方面，由于大量写作软件的普及，公文信函的写作也越来越容易，因此，对于现代公司中的秘书来说，传统的文书角色正在慢慢淡化，在一些秘书身上，对写作的畏难情绪或敷衍塞责的态度越来越严重。但是，秘书的实际写作能力仍然是很重要的。不要说给上司起草发言稿，就是日常发传真、速记、发电子邮件，甚至打字，哪样工作不要求秘书具备相当的写作能力呢？

35篇
综合逻辑思维能力不能弱

前天，玛丽一不小心，将"所有者权益"说成"消费者权益"，从麒麟肚子底下露出个马脚来，经理"龙颜大怒"，命我们几个年轻的秘书这个星期一有空就要学习财务知识，不懂的地方问珍妮。珍妮虽然本科学的是机电专业，但今年年初已拿到了助理会计师证，正在自学，想将来考注册会计师。

经理板着脸孔说："作为一个公司的秘书，必须有相应的财会税务方面的知识。会计和税务方面的数据，是一个企业进行管理的最基本资料，公司领导人最关心的就是财务方面的数据了。虽然财务部门每个月、每个季度都要向他们提供财务报告，不需要我们具有这方面很高的专业水平，但是，我们秘书还是要能看懂一般的财务报告和财务报表。通过了解财务方面的情况，能知道公司目前经营现状和发展前景，这样，在协助上司工作时，不至于两眼一抹黑。如果你们连增值税和营业税、所得税、费用和成本这些基本的概念都分不清，那我建议你们都辞职，回去念几年书再来上班。"

似乎大多数女人都是感性动物，天生就不习惯与数字和逻辑打交道。但是，作为秘书，如果连基本的财务报告也看不懂，那就说不过去了。公司每年开两次董事会，都要讨论公司的财务预算和决算报告，秘书要能看得懂这些文件。财务知识枯燥归枯燥，但还是得硬着头皮学。

下午，我们在看财务书，正被这科目和那科目搞得头昏脑胀的时候，玛丽说："昨天晚上，我妈不知怎么翻出一个存折来，她问我，存折上有26750元钱，存了5年8个月零4天，利息是2.4%，这个存折明天能取多少钱。我算了很久都没算出来，最后，我说我算不了，我妈问我怎么办，我说那就捐给希望工程算了，气得我妈昨晚骂了我一个晚上。"玛丽说着，脸上还显出得意的神情。

下班的时候，孟姐悄悄告诉我，姜总今晚请我俩看芭蕾舞。看了一天枯燥无味的财务书，正好换个脑筋。孟姐说姜总的女儿学了几年的芭蕾舞，今晚在北展剧场第一次正式登台演出，演《天鹅湖》里的小天鹅，姜总说请我俩去就是为了给她女儿捧捧场、壮壮胆。看完演出之后，还要请我们一起吃夜宵。

我过去很少看芭蕾舞表演，以外行的眼光来看，演出很成功，姜总的女儿小姜的动作非常优美。在看的过程中，我总觉得西方的艺术与东方的艺术有很大的不同，那就是东方的艺术无论是戏剧，还是音乐，甚至包括绘画，情节性很强，有头有尾，而且它总是要让你明白一个道理，这大概就是所谓的"文以载道"；而西方的艺术，无论是戏剧、舞蹈，还是音乐和绘画，似乎都只强调一种氛围，给人一种自我的独特感受，没有那么多情节，没有那么多主题，所以，让我们许多人"看不懂"，最后觉得没意思。

吃夜宵的时候，我问小姜："为什么芭蕾舞动作老是要踮着脚尖跳？"

小姜腼腆地说："这可能是由于人踮起脚尖后，强化了人体的延长线，提高了人体重心的位置，造成了向上升腾、轻盈自在的效果，所以显得美一些。"

"小姜说得对。"孟姐兴趣盎然地问我，"小于，你注意过没有，我们东方的庙宇，几乎都依地势而建，低矮肃穆，而西方的教堂都是挺拔高耸的。这说明了什么？这个现象与踮起脚尖跳芭蕾舞，是否存在着某种内在的联系？"

孟姐这么一说，我才注意到这个非常有趣的现象。不过，我怎么也想不出踮起脚尖跳芭蕾舞，与东西方文化之间有什么内在的联系。

"还有，西方的教堂，不要说科伦那样的大教堂，就是一般的乡村小教堂，由于塔顶很尖，也给我们很高很高的感觉。可我们东方的建筑，即使像故宫这样金碧辉煌的古建筑，与西方的建筑，特别是与有塔顶的教堂相比，它给我们的感觉就矮了许多。这是为什么？我觉得，这里面可能有一个东西方文明的本质区别的问题。包括艺术和宗教在内，西方人的文化，无论是绘画中的基督、跳芭蕾舞，还是建教堂，等等，都是向上的，都是向空间延伸的，似乎都在追求一种空间上的永恒；而我们东方文化似乎正相反，不仅坐着的菩萨，从故宫到长城，还有从南到北的寺庙，几乎都不追求高度，都不向空中伸展，大多是依山而建，追求的是面积，显示出鲜明的眷恋大地的倾向，追求的是一种时间上的永恒……所以，我觉得，踮着脚尖跳芭蕾舞，不单是美学上的追求，可能还有宗教和哲学上的意义。"

孟姐的学问实在让我佩服。她的学问不在于渊博，而是这种融会贯通的综合归纳能力。基督、芭蕾舞和教堂，还有菩萨、长城和寺庙，这些在一般人的眼中相去甚远，甚至有些风马牛不相及的东西，竟被孟姐用一种内在的逻辑，将它们串联起来，从而发现了被一般人熟视无睹的内在的共同本质。

逻辑思维能力同形象思维能力一样，对于秘书来说，也是非常重要的。因为要在当今激烈的市场竞争中立于不败之地，就要在复杂的现实表象下把握事物的本质，把握企业未来的发展方向，把握行业运行规律。这就要求企业的管理人员，包括秘书在内，具有逻辑思维能力。

秘书每天的工作，看上去十分杂乱无章，各部门送来的资料也五花八门。秘书在这种情况下，如果没有一定的综合归纳的逻辑思维能力，就不能了解上司的中心工作，从而把握自己工作的重点，结果往往事倍功半，越忙越乱，甚至被上司批评，费力不讨好。因此，秘书必须训练自己的逻辑思维能力，以便将日常工作中繁多庞杂的信息条理化和层次化，从而有利于信息的消化吸收和归纳利用，从而避免"信息症"的出现。

秘书部门拥有最多的信息资源，从发展趋势来看，它越来越成为企业内部信息资源的整合中心，因而对秘书的逻辑思维能力的要求也就越来越高。

回到家里，孟姐的分析还让我回味无穷。这是一种能力，也是一种品位。能力与品位合二为一，则是一种境界。

36篇
多一些宽容与温柔

一上班，经理就急急忙忙对小石说："昨天下午公司事务会决定，李总下个星期要到香港和新加坡出差一个星期，你负责把李总的手续办一下。不懂的地方，向其他人请教，要好好学习。"

于是，小石马上在网上找到一些有关办理出国手续的资料，过了一会儿，列了一个办理护照所需材料的清单给我看，上面有户口本、身份证、照片……问我还有什么遗漏没有，我很喜欢小石这种办事认真踏实的态度。

"如果是第一次申领护照，就需要准备这些材料。"我说，"不过，李总现在已经有护照了，而且是五年的有效期，所以，护照就不用再办了，而像签证、机票、宾馆安排等具体事情，你先问一下李总，听听他有什么具体要求，按他的要求，把它们委托给旅行社去办，一定要把李总的要求交代清楚。"

中午吃饭时，企划部的汤姆问："你们昨晚看'芒果台'了吗？里面有个《空姐 show》的节目，很有意思。"

"《空姐 show》是什么意思？"销售部的蓝翔问。

"就是几个大航空公司联合起来招聘空姐。他们像选美一样，让选手在台上来回走步，回答专家的提问，评委根据他们的表现打分，最后排定名次，各航空公司根据名次招聘空姐。"

"我看了，没有什么意思。纯粹是主办单位自己作秀。"托尼说。

昨晚我有课，没有看电视。

"我觉得挺好的。至少做到了公平、公开和公正，比过去开后门批条子强。"玛丽说。

"我看也不是单纯作秀。"汤姆放下筷子说，"评委都是按空姐服务的实际工作要求来给选手打分的，如没有地方放行李了怎么办，客人抱怨咖啡太凉了怎么办，提的问题都比较实际，针对性强。"

"我看那排名前几位的，都不一定能成为优秀的空姐。"托尼坚持自己的观点。

"为什么？"玛丽反问。

"我觉得，她们在台上表演的成分太多，有人甚至是抱着一种做游戏的心态。"托尼说，"比方说，有个选手在回答为什么要选择做空姐这个职业的问题时，竟然说是为了中国的航空事业，你们说假不假？"

这一点汤姆和玛丽都认同。

"更为重要的是，这种挑选空姐的方式，本身就带有鼓励空姐勇于自我表现，张扬个性的倾向。对于做空姐来说，这是犯了大忌。"

"托尼，空姐也是人，为什么就不能有自己的个性？"玛丽似乎很不服气。

"有个性和张扬个性是两回事。"托尼说，"我认为做空姐也不能个性太强，你想想，空姐这种职业说起来好听，今天飞纽约，明天飞巴黎，待遇也不错，可她们的日常工作也无非是送杯咖啡、递递茶，工作时间也没有规律，平淡单调，更为重要的是，遇到挑剔甚至刁难的顾客你得忍耐，你得心甘情愿地'伺候人'。这样一种职业，个性强了，能长期忍受？"

"托尼说得有道理。"汤姆说，"仔细想想，她们表演成分的确太浓了。作为空姐，内在的东西确实很重要，但表现得太少。"

"其实，她们内在的东西在无意间已表现出来了。"托尼说，"你比如说那个五号吧，跟她一起走台步的那位小姐，穿高跟鞋脚被崴了，她连看都不看一眼，更别说去扶对方一把了；还有，当大会评委主席宣布第一名时，第一名就站在她身边，她不仅没有向对方表示祝贺，反而一脸不屑地把脸扭到另一边去。这种人能做好空姐吗？我看她最多是把空姐当成一块跳板。"

"但是，你不得不承认，在所有参赛选手中，五号是最漂亮的、最有气质的。"玛丽说，"于雪，今晚会重播，你一定得看看。"

"也许第二名能做一个好的时装模特，但我肯定她成不了一个优秀的空姐。"托尼自信地说，"对于做空姐来说，内在的东西远比外在的东西重要，品质性的东西远比技能性的重要。"

可是今晚又没空，没法看。不过，我觉得托尼说得有道理，个性太张扬和不会尊重别人的人，肯定当不好空姐，因为当空姐和当秘书的工作性质差不多。

上个星期，天地公司张总的秘书安娜来电话，说她把张总给"炒"了。她说她帮老板每天干的活就是打印信件、订约会、买机票、找旅馆等杂活。虽然办公条件舒服，待遇也不低，但她不习惯做一只金丝鸟。

"我早就腻味了这份工作，想改行。就算做秘书有天大的出息，那还不是个被人使唤的丫鬟吗？做秘书，工作琐碎单调不说，最难忍受的是，一些业务部门的人牛皮烘烘的熊样儿。在他们眼里，我只是一个打杂的。在这个年代，我和他们一样，要文凭有文凭，要本事有本事，凭什么在他们面前矮半截？所以，我炒张总，是因为我不再对秘书工作抱太多的幻想了。"安娜在电话里有些愤愤不平地说。

张总昨天也正好来找姜总，见到我顺便聊起了安娜，因为他知道安娜和我是朋友。他说安娜人虽然很聪明，有灵气，但个性太强，不适合当秘书。由于个性强，自己把自己看得太高，对于打字、复印之类的小事基本上不干。由于她的这种示范效应，有些人也仿效，因此，现在办公室出现了互相推诿，似乎谁多干谁吃亏的现象。最后张总感慨地说："可能是现在的大学生，在家里都是备受溺爱的独苗的缘故，都那么气盛和张扬。说他们'前卫''有个性'也可以，说他们自以为是、没有一点内涵也没错。"

无论是做一个好秘书，还是做一个好空姐，其基本素质都是一样的，都要求有内敛、忍耐、不颐指气使等优秀品质，都要求我们回归女人的天性，即宽容与温柔的母爱。

37篇
不能代替老板自作主张

十月×日

　　上午办公室的事不是很多，孟姐在指导小石整理公司来客登记簿。因为收集信息是秘书的一项重要工作，刚好我手头的事不多，我也在一旁跟着学。

　　"小石，整理来访客人名单，不能按客人的姓氏笔画排列，而要按他所在公司的笔画顺序排列。"

　　孟姐让小石将已经排好的客人名单顺序重排。

　　"为什么？"

　　"是这样的，这些来访的客人，是代表他们所在的公司来我们公司洽谈业务的。他们个人有可能在将来的某一天，会离开他们现在所在的公司；但是，他们的公司则有可能是我们公司永久的客户，所以我们的重点是应该记住他们的公司，因此，在整理来客名录时，应该以客人所在公司的笔画来排列顺序。比方昨天第一个来访的客人是北京通达科贸公司的副总经理刘允。将来只要一看到刘允这个姓名，首先应该想到是北京通达公司。通达是1995年注册成立的，注册资金1亿元人民币，主要业务是代理销售我们东岩公司的产品，平均每年的销售额在5000万元人民币左右，他们的董事长兼总经理叫李明，是我们姜总在北大荒下乡时的战友……"

小石轻轻地叹了口气，她没想到来客登记簿上"刘允"这么简单的两个字，在孟姐的头脑里竟包含了这么多信息。她以为只要把刘允的姓名和电话号码往计算机里一存，就算是完成了"信息收集"工作。即使是玛丽和我，在秘书专科学校也没专门学过这方面的知识。这就是实践经验。

孟姐不愧是总经理的专职秘书。她这种认真细致的工作作风，真值得我们这些小字辈的秘书学习。我什么时候才能达到孟姐这种水平？

中午，天空突然乌云密布，暴风雨似乎马上就要来临。

下午一上班，投资部就送来一份"天津宏星公司情况介绍"的材料，要我赶紧送给孙总，说孙总催着要。

也许是时间太急，投资部送来的材料中不仅有错别字，还有一些语法上的错误，如对"非要……不可"这样的句式，在材料中却像不太严谨的口语一样把后面的"不可"两个字漏掉了，于是，我把材料的文字稍作润色，重新打印送给孙总。

孙总将材料翻了翻，就皱起眉头说："小于，这份材料你加工处理过，是吧？"

"是的，"我不清楚孙总问这话的意思，"我只是对其中的文字润色了一下。"

"小于，你应该知道我要这份材料的目的。我想了解宏星公司的资产状况，但是更想了解宏星公司目前管理层的状况。他们现在有多少管理人员，管理人员的年龄结构如何，知识结构如何，管理、开发和销售各占什么比例，他们对我们将要进行的控股投资的态度如何……我要的是他们目前实实在在的真实情况，而不是这么几个干巴巴的数字和几条标语口号，你知道吗？"

孙总的脸越拉越长。

"小于，我是老板，你是秘书，所以，我希望你做我的眼睛，做我的耳朵，甚至做我的手和脚，但我不希望你做我的大脑！哪些材料有用，哪些材料没用，由我自己的大脑来判断！把我的大脑留给我，好吗？"

窗外已是电闪雷鸣。看我手足无措的样子，孙总态度缓和了一些："是不是投资部把材料给你的时候，就是这个样子？可能主要责任不在你。这样吧，你去把投资部的李部长叫来，我要听取他的口头汇报。"

投资部的人汇报完毕，我从孙总的办公室回来。孟姐见我闷闷不乐的样子，问我怎么回事，我把事情的经过大致说了一遍。孟姐安慰我说："小于，当秘书没有不出现差错的，不要紧。问题是，你知道问题出在哪里吗？"

我没吱声。孙总的批评没错，但我总觉得自己委屈。

"小于，我给你讲个小故事吧。这是我刚当秘书时，我来自美国的老板讲给我听的。小石和玛丽，你们有兴趣听吗？"

她俩马上凑了过来。

"事情是这样的。一天，我的老板坐车路过一个小菜市场，看见路边小蔬菜店门口摆着一堆新鲜的洋葱。洋葱的皮晒得红红的，上边还沾着泥巴。老板的父亲是个农场主，老板小时候跟父亲种过洋葱。他来中国这么久了，第一次看到那么新鲜的洋葱，所以感到很亲切。回到办公室以后，他让秘书派人去给他买几个洋葱回来。可是，当秘书把洋葱放到他办公桌上的时候，那几个洋葱只剩中间的那一点小芯了。为什么？原来当行政部门的办事员将洋葱买回来之后，马上放在水龙头下把洋葱上面的泥巴洗掉了；洋葱交给行政部经理后，经理又把洋葱外面的几层粗皮给剥掉了；行政部经理把洋葱交给秘书后，秘书又把洋葱上的红皮剥掉了。洋葱虽然还是那几个洋葱，但早已不是老板当初想要的那种洋葱了。所以，老板当时就把秘书狠狠地训斥了一顿。"

我明白了孟姐这个故事的真正含义。

"老板为什么要训秘书？就是因为秘书在不了解老板的真实

意图的情况下，自作主张，自行其是，把老板真正想要的东西给弄丢了。所以，作为一项重要的日常性工作，我们秘书在为上司收集信息材料之前，一定要弄清上司的真正意图。在了解上司的真正意图的基础上，再对我们收集的材料进行鉴别、筛选和整理分析。如果暂时还不了解，就宁肯让材料粗一点；如果过于加工，就有可能把材料中最有价值的部分弄丢了，使上司很难利用这些信息做出决策。秘书为上司收集信息，一定要注意这样几条原则：第一，不要生吞活剥。不管你收集到什么样的信息，一定要先在自己脑子里打几个问号，这事怎么发生的，为什么是这样。第二，不要自我发挥。有时收集到的信息不是那么完整，秘书为了完整，便发挥自己的想象力，使材料变得'完整'。其实，上司往往自己能根据这些零碎的信息，基本把握事情的大概，而你的想当然，则有可能误导上司。第三，保持不偏不倚，不要先入为主。"

"可这老板为什么不把买洋葱的真正目的告诉秘书呢？"小石还是对孟姐说的故事感兴趣，"不就是一句话的事吗？"

"你的意思是，老板事事都要向秘书请示和汇报？"玛丽似乎非常喜欢跟小石抬杠。

"上司与秘书之间，的确应该经常进行交流。"孟姐说，"但每个上司都有自己的思维方式和工作习惯，做秘书的不能强求，只能是要求自己尽可能地去适应上司。所以，做好秘书工作的关键是多用心。比如，用心观察上司平时比较关注哪些问题，用心思考上司关心这些问题的真正目的。如果真正用心，秘书工作并不难做。比方天津宏星公司这个问题，公司事务会已经讨论过两次了。如果条件合适，我们公司就投资控股。孙总的意图实际是很明显的。"

　　我感到自己的脸在发烧。

38篇
态度必须鲜明，勇于拒绝暧昧

⟲ 十月×日

　　周敏拿到了去美国陪读的签证，晚上几个中学同学相聚，为周敏饯行。

　　在餐桌上，孔琴闷闷不乐，那张脸像秋天的杨树，没有一点生气。

　　从酒楼出来，我问孔琴出了什么事。她说"没什么"，但她的眼睛告诉我肯定有事。旁边有一个小茶馆，于是，我把她拉进去，让她告诉我。作为朋友，我来帮她分担一部分心事。

　　"于雪，我想辞职，再也不想当秘书了。"

　　沉默了半天，她才憋出这句话来。我静静地看着她。我知道，她不把心里的苦水倒出来，心里会更难受。

"我觉得自己现在像只小绵羊，整天在一群色狼的包围之中。"

原来她遭遇了性骚犹！办公室受到性骚扰的对象，往往是公司的新员工，因为工作环境不熟悉，只有忍气吞声的份儿。

性骚扰是一种职业艾滋病，目前没有什么办法像消灭天花、霍乱那样，进行彻底根除，只能预防。因为它不像对身体的侵犯那样比较容易辨别。像黄色笑话、色情的眼神、与性有关的双关语、性玩笑、色情短信息、强邀共进晚餐、色情图片、追问个人的性生活、赠送与性有关的私人礼物等，都可以用"开玩笑"来掩护。

"我跟你说过，我们公司不大，只有两个专职秘书，那个秘书是男的，正式头衔是总经理助理，三十来岁，我俩的桌子是挨着的。一开始，他还只是把墙上的挂历换成三点式的美女，虽让我挺恶心，但还不至于太过分。最近几天，他时不时地往我手机里发一些黄色短信息，大前天我在给老板汇报工作时，他也朝我手机里发黄色短信。我跟他生过几次气，但一点儿用也没有，他总是嬉皮笑脸，说开开玩笑，何必当真。我没办法跟他撕破脸皮，再说我也不想跟他撕破脸皮，我是新手，还有很多事要请他帮忙。"

没想到，她的工作环境这么恶劣。

"更可气的是老板，他也动了坏心思！他老让我一个人加班。由于最近要准备一个新产品发布会，准备材料，事是挺多，所以，我也只好加班。加完班，他就要请我吃夜宵。他经常是一边吃，一边聊他是多么累，有一天他居然说他'不行'了，羞得我满脸通红。上个星期四，加完班吃夜宵的时候，他说自己和老婆感情不好，准备离婚。今天在他的办公室，他居然说他非常爱我。"

说着说着，她眼圈就红了。

"我真羡慕周敏，我也想找个机会到外国去，好一走了之！"

"这种事，中国有，外国也有。当年一位美国前总统不也是因为性骚扰闹得满城风雨吗？到国外去也解决不了问题。"

我知道，我的安慰对孔琴起不了多大作用。

"我也知道天下乌鸦一般黑，到哪里都一样，所以，我不想做秘书了。"孔琴似乎是在咬牙切齿。

对于这种性骚扰，只要有办公室的地方就可能会存在，但对于秘书来说，她们属于被性骚扰的高危人群，因为只要上司动了坏心思，他们就有更多合情合理的借口，创造与秘书单独相处的条件，从而进行性骚扰。

"孔琴，要工作，要生存，逃避不是办法。"我说，"关键是你要明确你的态度，不让他们把你当作一只小绵羊。比如，老板他再说他爱你，你就打印出来让他在上面签字，看他还敢不敢这么胡说八道。"

孔琴笑了。

"问题是很多时候，我不好跟他说撕破脸皮就撕破脸皮。"

"其实，你就是要装出一副不怕撕破脸皮的架势给那些人看。这是一场无可奈何的心理游戏。在这种情况下你必须有这种勇气和生存的智慧。你必须态度鲜明，拒绝暧昧。他们想占你的便宜，为什么既不敢公开，又不敢硬来，就是因为他们顾及自己的公开形象。但是，他们就是利用了你更怕撕破脸皮的这种弱势心理。你越害怕，他就越来劲。所以，你一旦做出一副不怕撕破脸皮的架势，我敢肯定，他们就不敢再这么猖狂了。"

"可是，老板一让你加班，你就跟他撕破脸皮？加完班，请你吃顿夜宵，你就一口回绝？"

孔琴还是有些把握不住自己，难怪莎士比亚说女人的名字是弱者。

"当然不能这么神经过敏。"我说，"但是，对你们老板这种明显的'假公济私'行为，就得想点办法。如果你晚上要加班，那你就事先跟家里打个电话，说你晚上出去玩，让他们八九点给你打电话，提醒你早点回去。"

"打电话有什么用？"孔琴戚戚地说，"我爸那么大年纪了，他怎么可能来接我？即使他能来，我也不忍心让他每天晚上都来呀！"

"傻瓜！"我笑着说，"谁让你爸来接你，你只不过是给自己找一个开溜的借口罢了。总而言之，你这么做了几次后，他们就会明白，你不是一个随便而又软弱的人。这样，他们就会慢慢减少对你的非分之想。"

39篇
培养大智慧而非小聪明

○十月×日

　　前天孙总到上海出差去了，我觉得自己这两天轻松了许多。中午吃饭的时候，李佳告诉我们说他们公司的秘书艾敏昨天被老板炒鱿鱼了。李佳是我和玛丽的师姐，现在在与我们公司同一座大楼五楼的一家荷兰公司人力资源部工作。

　　"现在老板炒秘书的事太多了，有什么奇怪？"玛丽不以为然地说。

　　"你不知道，这次炒鱿鱼挺有意思。咱们这栋大楼的地下有一个健身中心的游泳池，你们去过吧？昨天下午我们的荷兰老板就是在这游泳池边上，宣布炒艾敏的鱿鱼的。说起来挺有趣的，昨天下午三点多，艾敏在游泳，游到池边时，有人将浴巾递给她，这时她没有发现是老板来了，只是说了句'谢谢'，可老板幽默地说:'我已欣赏了你十几分钟的泳姿了,很优美,休息一下再游;游完之后,到我的办公室来办理手续,我准备推荐你到专业的游泳队去。'"

"艾敏怎么会在上班时间去游泳呢?"我有些不解地问。

"老板出差了,原来计划是下个星期二回来,不知什么原因,老板提前回来了;艾敏以为老板还要过几天才能回来,所以这些天每天下午都去游泳。"

"老板怎么那么聪明,会想到艾敏在游泳?"玛丽非常感兴趣地问。

"这只能怪艾敏平时'太会'做人了。"李佳似乎有些看不起艾敏。

"艾敏人是长得漂亮,外语也好,再如上聪明,把老板玩得团团转,老板非常信任她。于是他授权,他不在的时候,许多事情艾敏可以做主。比如,在他不在的时候,艾敏有权签批3000元以下的费用。所以,当其他员工找她报费用时,她左一个不是,右一个不是,老刁难人家。相反,她总是把一笔笔的加班费往自己卡里打。老板不仅没觉察艾敏是在占公司的便宜,反而以为艾敏真正是在加班加点,所以更加信任艾敏。艾敏也就更加有恃无恐,认为只要老板一走,什么都是她说了算。因此,当老板出差后,她去健身中心的游泳池游泳是经常的事。这次老板出差提前回来,见不到艾敏,就问其他人艾敏到哪里去了,当然会有人告诉老板在什么地方能找到艾敏。"

"她的运气也太差了！"玛丽惋惜地说，"这也是活该她倒霉！"

"玛丽，我不觉得这是个运气好坏的问题。"我说，"我觉得这是艾敏没有责任感，滥用老板信任的必然结果。即使她不在游泳的时候被逮着，也会在做其他事的时候被抓着。"

"艾敏作为秘书又不是没有完成她的本职工作，她肯定是没事做了才去游泳的。如果她做不好她的本职工作，老板会信任她吗？"玛丽反问我，"你说的责任感是个什么东西？那玩意儿是不是太虚了？"

什么是责任感，我一下子真还说不清楚。但是，我知道，有责任感的秘书能自己找到事做，上司在的时候忙，上司不在的时候可能会更忙。比如昨天一上班，平时负责打扫办公室清洁卫生的刘姐不知什么原因昨天早晨没来打扫卫生，孟姐一进办公室见到很乱，便带头打扫办公室。这就是责任感的表现。秘书不能像个陀螺那样，只有上司用鞭子使劲抽打，她才会动起来。

"像前天那样，昌平工厂的人说要打印'新产品发布会'几个20厘米宽、25厘米高的大字。我本来已告诉他们，说我现有的软件最大只能把字号设置到72号，不能打这种特大的字。我已把这事给推了，你却告诉人家，说你的软件有专门打印特大字的功能，能打特大字，又把这种分外之事揽过来了，好像嫌自己还不够忙似的。有时我真不知怎么说你好。"玛丽似乎对前天的事还耿耿于怀，怪我驳了她的面子。

我不觉得给人家帮忙有什么不对。

见我没回答，玛丽接着说："在这种地方做事，彼此之间你死我活地竞争，大家拼的是什么？拼的就是智商，拼的就是聪明。如果你不聪明，你就是干活累死了，反而会被人家笑话。"

我不再跟玛丽抬杠了，她说的有一定的道理。的确，在职场工作，特别是给上司做秘书，必须聪明，否则上司不会真正地信任你。但秘书必须明白，虽然每个上司都有犯糊涂的时候，但上司绝不是弱智，跟上司玩聪明，耍心眼，最终结果往往是搬起石头砸自己的脚。像艾敏这样滥用老板信任的聪明，只能说是一种小聪明，也就是古人说的"大道不足，小技有余"的表现。我们在为人处世上需要聪明，因为聪明可以帮助我们认清自己的处境，但不要过于精明算计，不妨提醒自己豁达些，眼光放得长远些。如果少些小聪明，对于秘书来说，有可能还是一件好事。

如果艾敏是个真正聪明的秘书，那她在上司出差之后，就会把这段时间当作一个自学的黄金机会。上司在家的时候，秘书虽也有一些空闲时间，但毕竟不能静下心来学习，因为上司可能会随时给你交办一些新的工作。对于年轻的秘书来说，无论是科班出身的秘书，还是从业务部门转过来半路出家的秘书，都必然存在着知识结构上的欠缺：学秘书专业的，虽然全面掌握了秘书专业方面的知识，但在企管、经济和公司业务方面的知识则相对缺乏；而那些非秘书专业的秘书，则欠缺秘书专业方面的知识，因此，对于优秀的秘书来说，都会利用好上司出差的时机给自己补课。如果艾敏在老板出差时，不是去游泳池而是在闭门自学，那会得到老板更多的信任和重用，那才是真正的聪明。

40篇
给老板当替罪羊是难免的

十月×日

今天一整天，天空中的乌云都压得特别低，低得似乎让人都不敢大声喘气了；风用力地刮着，把树枝吹得呜呜直叫，看着让人想替它们大哭一场。真是山雨欲来风满楼。

早上一上班，办公室就有一种大祸临头的感觉。果不其然，十点多，经理被姜总叫了过去。不到一刻钟，经理回来了，脸青得发紫。一坐下，他就掏出烟，一根接一根地抽。门上贴着"无烟办公室"的标牌，大家不仅不敢提醒他，连大气也不敢出。谁都知道，经理是习惯性地在借烟"烧"愁，发泄心中的郁闷。

昨天，一家有相当大影响力的行业大报，在头版的右下角刊登了一份三百多字的读者来信。信中说，他们是我们东岩公司的用户，我们公司在售后服务过程中店大欺客，等等。今天一上班，在日本的董事长马上来电话问姜总是怎么回事，所以姜总把经理叫去训了一通。

这事的经过我清楚：上个星期，这家报社的一个记者拿着这封读者来信到公司来核实情况，当时公司领导很重视，由孙总亲自接待，我也参加了。孙总当时表示，我们将无条件地帮助用户解决使用过程中的问题，尽管用户提的一些条件有些过分。没过几天，报社又来人，说用户对我们的售后服务仍不满意，这次是我陪经理接待的。经理觉得报社的人似乎在借题发挥，便直截了当地问对方打算怎么处理，需要我们做些什么配合。来人说他们会尽量做好用户的工作，云里雾里绕了一阵儿后，提出让我们公司在该报登一年的广告。尽管经理对这种做法很反感，但仍很客气地表示将向公司领导反映，尽快予以答复。

第二天公司领导开会时，经理把这个问题提了出来。当时负责市场的领导表态：第一，原则上可以同意在该报上做广告，但今年已经没有预算了，只能等到明年；第二，即使今年可以追加广告预算，也不能同意立即做广告，让人家以为我们的服务真的有问题；第三，既然报社的目的就是想拉广告，就不必这么迁就报社，等到明年再做广告。这事就这么定下来了。

前天，经理代表公司给报社发传真，表示：一是我们会继续与用户保持联系，改善我们的售后服务；二是公司同意在他们的报上做广告，但等过了年再说。但没想到这家报纸昨天就把用户来信给登出来了。报纸上登一封普通的读者来信，本来也不是什么大不了的事，但问题是刚刚有人在大街上为此当众闹事，媒体把它炒得沸沸扬扬，甚至有些唯恐恐天下不乱的势头……

不知什么时候，经理自己平静下来了，让珍妮马上与安平国际公关顾问公司的许总联系，约对方今天晚上见面，请他们帮我们公司拿个妥善处理的方案，别让其他媒体跟着火上浇油。由于许总今天日程安排得太满，定好明天上午经理过去拜访许总。

今天正好是玛丽的生日，我们几个已提前几天就商量好了，今天让玛丽请客，宰她一顿。见经理郁闷了一整天，想让他高兴高兴，于是晚上我们把他也"绑架"出来了。

酒过三巡，经理突然说："你们几个有谁知道，SG 这两个英文字母的缩写是什么意思吗？"

我们都没见过这个缩写。

"头儿，SG 是不是你这个秘书长 secretary general 的缩写？"小石突然说。

经理笑了。"小石猜得对，SG 是我这个秘书长的缩写。不过，SG 这个缩写还有一个意思。你们再猜猜。"

于是，大家像在联谊会上猜灯谜一样，七嘴八舌，气氛热烈，但谁也猜不出 SG 这个缩写的另外一个意思。

"我告诉你们，SG 既是 secretary general 的缩写，也是 scapegoat 的缩写，也就是说，秘书实际上是只替罪羊。"

气氛一下子沉重起来了。

经理说秘书是替罪羊，是有些说气话，但的确也是事实。由于市场竞争的压力越来越大，股东们的回报要求越来越高，因此，那些公司高管也不得不提高对自己的期望值。但是，不管是主观原因还是客观原因，只要达不到这种期望值，他们就会产生挫败感，就有可能要找个目标发泄心中的焦虑。自然而然，秘书是这些高管发泄的最佳对象：第一是方便，第二是代价很小，甚至可以说是"free"（简单轻松）。曾经有位大红大紫的名人在电视上公开宣称，"经骂"是他找秘书的首要条件。所以，说秘书是替罪羊似乎也并不过分。日常工作中经常会出现这种情况，比如，秘书为上司约好了到某公司会谈的时间，但因对方临时有变，让上司空跑了一趟，这本来不是秘书的责任，但上司生气，心里有火，于是多少会给秘书一些脸色看。

"讲老实话，我对你们几个人的外语水平、待人接物等方面的能力都放心，只要有几年的磨炼，都能成材。我唯一担心的是，你们作为秘书，心理承受能力都太差。当秘书的就要禁得起骂。俗话说，没有金刚钻，别揽瓷器活，要是禁不起骂，趁早别做秘书这一行。你们都是独生子女，在家一个个都是公主，有几个挨过骂，受过气？"

经理说着，端起小杯，将里面的56度的红星二锅头一饮而尽。

在我们这一拨人中，绝大多数人都是独生子女，娇生惯养的多。从优裕顺境的家庭中走出来，有相当一部分人喜欢我行我素，很少关注别人的感受，只在乎自己的感受。因此，他们承受挫折的能力很低。当他们独自面对社会时，复杂的人际关系已让他们应接不暇，如果再让他们受点委屈，那仿佛就是世界末日的来临。

"头儿，我们既然当秘书，就不怕受委屈！"寿星玛丽很有英雄气概地说，"可是，如果真的受了委屈，我们该怎么办？"

"能怎么办？凉拌！"经理用筷子夹了几块夫妻肺片，往嘴里一塞，似乎有些幸灾乐祸。

"当秘书首先必须有很强的心理承受能力。受了委屈之后，能怎么办？无非是想开一点儿，看开一点儿。所谓想开一点儿，就是你要想到，上司也是人，他也有喜怒哀乐，他也有要发泄的时候，他不朝你这个当秘书的发泄，朝谁发泄？从这个意义上来讲，这是上司对你的信任。"

经理笑着，但笑容很苦涩。

玛丽看了我一眼，她似乎觉得经理是在说酒话。

"所谓想开一点，就是不要怕背黑锅，事实终究是事实。即使事情的真相一天两天清楚不了，但总有真相大白的一天。秘书要像竹子那样坚韧，不会因为被风吹弯了，就永远挺不起腰来了；秘书还要像江海那样心胸开阔，不会因为飘过几朵云彩，心里就留下阴影。总之，要豁达一些。你们记得清朝扬州八怪之一郑板桥那句名言吗？"

"你说的是郑板桥的'难得糊涂'吗？"小石问。

"对！就是这四个字。"

"头儿，我觉得，郑板桥当时肯定也是喝酒喝多了，出现了笔误。"玛丽一本正经地说。

"你说是什么样的笔误？"经理已有些醉意。

"我觉得郑板桥当时本来是想写'男的糊涂'这几个字。"

看来喝多了的是玛丽。

41 篇
秘书必须保持健康的身体

🌀 十月×日

秋高气爽，艳阳高照。公司一年一度的运动会在昌平举行，由公司本部和昌平的工厂联合举办。

我原来报的是4×100米的接力项目，作为组委会副主任的孟姐悄悄告诉我，说100米短跑总共才六人报名，四男二女，如果我也报个100米项目，肯定有希望拿奖。于是我报了两个项目，一个是上午的接力项目，一个是下午的100米短跑，互不冲突。上午接力赛，我们得了第三名，下午100米，我以13秒9的成绩夺得女子组第一名。

举行闭幕式，姜总在给我颁奖时，当着台下几百名员工的面，对我进行了鼓励："小于，你的速度离世界纪录只差三四秒钟了，要有信心！这三四秒钟没有什么了不起，也就是一眨眼的工夫，好好练，争取明年把世界纪录给破了，为我们公司争光！"

台下一阵欢笑。

在返回城里的路上，托尼写了个纸条给我，说是美国运动员刘易斯的电子邮箱地址，让我给刘易斯发封挑战书。

破世界纪录和向刘易斯挑战，都是开玩笑，但是作为秘书，坚持锻炼身体的事，是不能开玩笑的。

作为秘书，必须有健康的体质。过去人们常说"身体是革命的本钱"，现在这句话用在秘书身上太适合了。每天有大量而繁杂的日常工作，再加上不定时和不定量的加班，没有相当好的身体是承受不了的。要保持良好的身体状况，不坚持锻炼能行吗？

现在有一些秘书，在办公时习惯于驼着背、哈着腰，长时间低头伏案，使颈椎处于长时间向前屈的劳累状态，颈后肌处于强直状态；另外，由于长时间使用计算机，不太注意坐的姿势，引起了腰酸背痛的症状；过度注视屏幕，又容易引起眼睛疲劳酸痛……在相当多的年轻秘书身上，颈椎病和肩周炎是最常见的病症，如果不做适当的锻炼，肯定会留下后遗症。

不仅长期的伏案工作容易给秘书带来许多职业病，更严重的是，许多女性秘书都有重衣轻食的毛病。在工作中，她们工作节奏快，压力大，高度紧张，以脑力劳动为主，平时又缺少体育锻炼或根本不锻炼。在这种情况下，更需要丰富而又均衡的营养，但她们对饮食营养似乎无暇顾及，工作忙起来就吃快餐，造成营养不均衡。许多人脂肪摄入过多而蔬菜吃得又少，维生素和膳食纤维都不足。为了生意或应酬，有时又山珍海味，大吃大喝。缺乏锻炼，又不注意饮食的营养均衡，正在对我们许多秘书的身体健康提出挑战，成为我们职业生涯的隐形杀手！

刚进公司的时候，我也做过许多计划，想专门抽时间到体育场馆去锻炼，但由于工作、学习等原因总也实现不了。因此，更多的是注意平时的锻炼。在坚持锻炼的同时，更重要的是生活必须有规律。

第一，养成按时睡觉、按时起床的习惯。玛丽经常在有意或无意中提起，昨天下班之后，又跟谁泡吧或唱歌了，直到深夜几点几点才回家。由于睡得晚，第二天早上还没睡醒又得起床上班，如果遇上休息日就睡懒觉一直要到中午才起床。长时间这样对身体非常有害，而且白天上班没精神，工作效率又提不高。所以，我坚持晚上在十一点半左右睡觉，早上六点半左右起床，让大脑及其他器官得到充分的休息。

第二，注重早餐。现在许多人对中、晚餐的质量比较重视，而忽视早餐。其实早餐对人一天的工作生活是非常重要的。人体经过一晚上的休息，虽然睡眠时间对能量的消耗不是太多，但晚饭所提供的能量基本消耗掉了。营养丰富的早餐既能保证上午半天的能量，又可维持人体正常的新陈代谢活动。

第三，遇到不开心的事，不闷在心里。如果经常将不愉快的事积压心底，时间一长必定影响身心健康。因此当心情不愉快的时候，我主要通过写日记来进行自我倾诉，倾诉之后就会自然而然地感到心情舒畅，气愤或不愉快的情绪也就随之而消了……

大家笑着闹着，我突然发现有些异样，那就是没有了玛丽。平时在这个时候，玛丽是最活跃的，这次还担任我们部门啦啦队的首席指挥，现在却不见了。我问小石，玛丽哪儿去了，小石悄悄告诉我，说玛丽的颈椎和腰椎又不舒服，没吃午饭，就先回城了。

秘书没有良好的身体做本钱是不行的。一个秘书，不论你的经验多丰富，知识多渊博，为人多沉稳，但如果你像林妹妹似的，整天病病歪歪，会有哪个上司真正信任你呢？你的饭碗迟早会被别人抢走。

42篇
秘书必须控制好自己的感情

 十一月×日

下了班，孟恬一定要我陪她去泡吧。

"小雪，你老实告诉我，你现在到底有没有男朋友？"没等我坐下，孟恬就问。看得出她又谈恋爱了。

"没有。"我说，"你今晚这么死皮赖脸地拉我出来，就是想让我听你新的罗曼史吧？快说，我洗耳恭听。"

"没有，我向毛主席保证！"孟恬摇头否认。即使在幽暗的烛光里，我也看出她的脸越来越红。爱情像感冒，如果感染了爱情病毒，就算瞒得了自己，也瞒不了别人。

在我"坦白从宽，抗拒从严"政策的感召下，孟恬交代了自己新的罗曼史："就是那次跟你借了几本秘书方面的书看过之后，我去一家意大利的皮草服装公司应聘，我运气不错，老板一眼就看中了我，让我给他当秘书。由于一进公司老板给我的工资就是每月15000元，比我当那破记者时高多了，让我受宠若惊，因此，干起工作来就非常投入和认真。我在做完我秘书本职工作的同时，下班之后还经常到燕莎、赛特等商场去帮老板调查市场行情。我这种敬业精神很快得到了老板的赏识，他开始带我到公司楼下喝咖啡，一边谈工作，一边聊生活。由于接触较多，我很快对老板有了比较全面地了解。他叫蒂尼，三十多岁，长得高大魁梧，像法国的阿兰·德隆，本来是络腮胡的脸颊每天刮得干干净净，一脸清爽，使他方形的脸更显轮廓。他虽是公司的总经理（尽管公司不大），但没有半点轻佻的举止和作风，待人接物都显得诚恳稳重，是典型的欧洲绅士。

"蒂尼一个人在北京，节假日喜欢外出旅游，由于他不懂中文，作为秘书，我自然而然地要陪他一起旅游。事实上我自己也非常喜欢旅游。于是，在这几个月里，我们几乎每逢双休日就开着他那辆越野吉普出去，我们跑遍了北京周围的山山水水。上个月，蒂尼又要我给他当中文老师。日子一天天地过去，在这种越来越密切的接触之中，我慢慢爱上了蒂尼。虽然我也知道他在米兰有老婆孩子，但是我还是控制不了自己。不过，一开始我并没有表示出来；上个星期六的傍晚，我们从昌平回来的路上，他邀我去小汤山洗温泉。怡人的泉水弥漫着氤氲的气息，让人陶醉。就在这时，蒂尼突然用他那半生不熟的中文唱起了'在那遥远的地方'。当我听到'我愿做一只小羊跟在她身

209

旁'时，脸倏地红了，心头像一群小鹿在乱跳，兴奋、慌乱和激动在一瞬间全涌上我的心头，这是多么含蓄而又直接的感情表达啊！我们就这样相爱了。"

孟恬给我杯里添满了酒。我浅浅地喝了一口，清爽中带着苦涩。由于工作的压力越来越大，工作的时间越来越长，许多上司与自己的秘书每天相处的时间，已远远超出了与自己家人相处的时间，特别是与自己妻子相处的时间。他们在工作中承受的压力和烦恼，往往不太愿意带回家去向家人诉说，而会情不自禁地向自己的秘书诉说；而秘书由于更了解上司的处境，因而比上司的妻子能给上司更多的同情和理解，形成感情共鸣。因此，上司与秘书之间，如果产生恋情，是很正常的。听完孟恬的叙述，我一点也不惊讶。在这现代都市中，在那一幢幢高级豪华的写字楼里，哪天不演绎几个这样的爱情故事？

但是，美好的东西并不一定都值得追求，因为有许多美好的东西是虚幻的。女性秘书在这类恋爱游戏中，最好学会控制自己的感情，不要轻易地将自己的同情和理解升华为爱情。控制自己对那些有妇之夫的上司的感情，不单纯是一个做不做"第三者"的道德方面问题，更重要的是一个如何自我保护的现实问题。

在萌生了情感之后，上司很多时候可能比秘书更容易冲动，但是，秘书永远没有上司那样清醒，这就同鹰有时飞得比鸡低，但鸡永远飞不了鹰那样高的道理一样。在这世界上，既爱江山又爱美人的男人成千上万，但是，为了美人而抛弃江山的，到目前为止，似乎寥寥无几。对于事业有成的上司来说，冲动过后，他不仅要考虑如何保护自己已经得到的一切，而且还要考虑如何得到他梦想中所要得到的一切。如果为了美人，不仅有可能让他失去已经得到的东西，而且还有可能让他失去梦想，权衡之下，他必然会慎之又慎。因为对于成功的男人来说，还有什么比他的梦想更重要呢？在我们的现实生活中，那些始乱终弃的故事，不是每天都在重复上演吗？

"你既然是认真的，那你考虑过你与蒂尼之间的最后结果吗？"我也给孟恬斟满了啤酒。

"我相信他对我的感情是真的，因为他还没学会撒谎。"孟恬想让自己自信，但看得出来，她心里的自信就像她杯里的啤酒泡沫一样在往外溢。

"我也完全相信蒂尼的感情是真挚的。但是，你认为他做好了与你共度一生的准备吗？"

我觉得自己问得很残忍，但不把这个问题提出来，后果可能会更残酷。

桌上水晶杯中的红烛已慢慢燃尽。

"不求天长地久，但求曾经拥有。"沉默了一会儿，孟恬说，"我绝不会放弃。"

"孟恬，我真的很羡慕你，你已经拥有了这样一份真挚的感情。"我说，"我只是想提醒你，你拥有的这份感情可能很脆弱，它甚至可能给你带来伤害。你们现在这种恋爱，就像在悬崖边上跳舞，稍不留神，就会摔得粉身碎骨。"

"只要我们能永远在一起，即使摔得粉身碎骨，我也心甘情愿。"孟恬脸上呈现出的凝重神情，很像一些历史题材电影中的女主角走向刑场的样子。

"孟恬，如果真的跌下去，很有可能只有你一个人。"

我们都沉默了。

我知道孟恬的沉默，是她不愿意相信我说的话，可她面对的现实又让她无话可说；而我的沉默，是因为我要为孟恬祈祷，我只能在心里为孟恬祈祷。

43篇
"经验"是秘书最宝贵的财富

十一月×日

上午九点半，英国汉默公司的老总来访。这位老总看上去似乎只有二十七八岁，像个刚毕业的大男生。而他的助手，也就是他的私人秘书，却是一个五十开外的阿姨——碧眼银发，体态有些发福，但言谈举止中散发着一份成熟和恰到好处的分寸感。

我们几个第一次亲眼看到这样大年纪的女秘书，就好似第一次看到一幅珍贵的名画。她优雅且有品位，言谈举止都极有分寸感，让人感觉特别舒服。

"为什么老外都喜欢用年纪大的女秘书？"珍妮像是自言自语。

"汉默公司是一家有上百年历史的家族式企业。"经理说，

"我估计，琳达女士可能在她年轻的时候，就给汉默先生的爷爷当过秘书；他爷爷退休后给他父亲当；他父亲退休后再给他当秘书。如果真是这样，那这种秘书，忠诚和责任感不说，就凭她的经验和对公司几十年的了解，也应该能给汉默先生很多帮助和照顾。"

对于秘书来说，工作经验是最宝贵的东西之一。工作的时间越长，见的世面越多，遇到的问题越多，那么，秘书积累的经验也就越多。经验多，办事的能力就强。秘书工作有两大特点，一是并行的工作多，这边你可能正在整理文件，那边上司可能要求你给客人泡茶；当你正在泡茶的时候，上司又要你赶紧找份文件给他……二是工作的内容变化快，原订好上午十点去某某公司会谈，突然要召开公司临时事务会议；正在给对方通知表示抱歉的时候，原定下午来公司会谈的某某公司的秘书来电话，说今天下午不能来了，只能安排在明天上午，而明天上午上司已排得满满当当……面对这些，只有经验非常丰富的秘书才能应付自如，知道什么事该先做，什么事可以往后拖拖；知道怎样调整工作日程，以及应对调整后可能出现的各种意外情况。这就是一些上司，特别是那些欧美公司的老板，喜欢用年纪大一些秘书的原因。

在欧美国家，秘书早已像教师和护士那样，是一种正式而又成熟的社会职业。在大公司里高级管理人员身边，很难看到年轻的女秘书，大多数秘书的年龄都在40岁以上。这些秘书的教养和经验，完全可以让各部门的经理和公司其他员工肃然起敬。除了一般的秘书技能，她们的沟通、协调、预见和判断力也让人叹服。

据说微软公司刚成立的时候，盖茨也雇了一个年轻的女大学生当秘书，可这位秘书除了自己分内的工作，对其他任何事情都事不关己，高高挂起。盖茨觉得对自己这么一个以年轻人为主，干什么事都有些粗粗拉拉、风风火火的公司来说，应该有一位管家婆式的女秘书，事无巨细地把公司的后勤工作包揽下来，不能让自己老在这方面分心，因为自己有更重要的工作要做。于是他要求总经理解雇这位秘书，尽快为他找一位管家婆式的秘书。

没隔几天，盖茨就催总经理，问他找到了自己想要的女秘书没有。总经理拿出几个年轻女性的应聘资料，盖茨看后都连连摇头。他理想中的女秘书应该干练、稳重、能干，他对花瓶式的年轻女性没兴趣。"难道就没有比她们更合适的人选了？"盖茨有些失望地责问总经理。总经理犹豫地拿出一份资料递到盖茨面前："这位女士以前做过文秘、档案管理和会计员等不少后勤工作，只是她年纪太大，又有家庭拖累，恐怕……"不等总经理说完，盖茨已经一目十行地看完应聘资料，说："只要她能胜任公司的各种杂务而不厌其烦就行！"就这样，盖茨的第二任女秘书、42岁的露宝上任了。也正是这位当时已是四个孩子的母亲，为微软公司的今天，做出了无可替代的贡献。

但是，在我们目前许多人的眼里，做秘书不是长久之计。秘书的工作太简单，太程式化，缺乏创造性，没有成就感，用"收、发、打、存"几个字就可以概括，普遍认为是吃"青春饭"的职业。一位女秘书干一年两年，即使做得很不错，也会千方百计地要求去做别的工作，如人事、行政、市场销售等。所以，在中国的公司里，找到一个从事秘书工作三年以上的职业秘书是很难的。因此，前几天托尼开玩笑说，中国40岁以上女秘书的数量，绝对不会比大熊猫的数量多。

下午两点半左右，小石交给我一张纸条，说刚才她路过孙总门口，孙总让她交给我的。我一看，原来是孙总不想见天津的南津公司的老板左总，让我自己处理。中午一点左右，左总的秘书从天津开车出发之前，还给我打电话确认下午三点与孙总的会谈。

我有些急了："这可怎么办？"

"什么怎么办？"孟姐关切地问。

我把孙总取消与左总会谈的事简要地说了。

"也真是，现在想怎么撒谎都来不及了。"玛丽插话说。

"你知道孙总不想见左总的原因吗？"孟姐问。

我摇摇头，两点钟我去给孙总送文件的时候，我还再次跟他确认下午三点见左总的事。

"你觉得孙总是因为太忙而不想见左总，还是因为孙总本来就不太喜欢与左总打交道而不想见左总的？"孟姐又耐心地问。

"左总这人给人的感觉是有些'各'，但孙总不是个凭个人意气办事的人，我估计可能是马上要开临时董事会了，孙总太忙的缘故。"凭我的直感，应该是太忙的原因。

"如果是这样，那你马上给研发部黄部长打电话，说孙总太忙，请他代替孙总临时接待一下左总。"孟姐果断地说。

"不过，左总这人挺'各'，挺要面子，他如果不愿跟黄部长谈，只希望跟孙总谈，我怎么向他解释？"

"那你就实话实说，说孙总太忙，实在抽不出时间。"玛丽在一旁看我，似乎比我还急。

"那是胡闹！"孟姐严厉地对玛丽说，"你把客人当小孩，跟他闹着玩？人家出门之前还跟你确认过，你说你忙，不想见就不想见。到底有没有一点诚意？"

"他们到了以后，那我该怎么办？"我问。

孟姐稍微思考了一阵后说："别慌，左总到了以后，你就说孙总因为临时有急事，要坐今天下午六点的飞机到香港出差，所以现在要做些准备，请他给予谅解。这样解释，我想左总是能够理解的。之后，问他是不是愿意与黄部长谈谈，如果愿意，那当然好；如果不愿意，就请左总提一个下次见面的时间，他把时间提出之后，你就说你将向孙总请示，确认后马上通知左总。这样，左总虽有些失望，但还不至于觉得我们没有诚意。"

于是，我马上给黄部长打电话，请他做些准备。

放下电话，我感到一阵轻松。一个公司有孟姐这样经验丰富的秘书，是领导的福分，也是我们这些年轻秘书的福分。

难怪有人把秘书比作生姜。姜是老的辣。

秘书的知识和经验，不能靠突击和死记硬背，而要靠平时的积累。要想成为一个优秀的职业秘书，没有什么诀窍，也没有什么捷径，除了向别人请教，就是自己多留心，多积累；积累多了，悟性也就高了。

秘书的工作具体而繁杂，从待人接物到给上司安排工作日程，如何做到恰到好处，很大程度上都取决于秘书的经验；而这种经验又很难从教科书上学到，因此，除了通过年纪大的同事的言传身教，就要靠我们自己在实际工作中摸索和积累。

秘书的工作不仅面宽，而且接触的人多，因此，这也就给我们这些年轻的秘书积累经验创造了条件。在我们的日常工作中，只要处处做个有心人，用心观察，就会有所收获。因此，我们每做一件事，每接触一个人之后，都要仔细想想，哪些把握好了分寸，哪些还有待改进；保持像海绵一样的心态，日积月累，我们的能力就会在无形中不断提高。

因为年轻，我们可能在工作中容易出差错。但只要我们在每次出差错后能够认真反思，吸取教训，学到的东西反而会更多。事事留心皆学问，就是要求我们平时多留心，做到眼勤、耳勤、嘴勤，也就是多看、多听、多问，当然，还要多想，我们的进步肯定会很快。

44篇
秘书只有主动才会有机会

十一月×日

上午陪孙总到三元桥附近的希尔顿饭店拜访美国 AT 公司的总裁史密斯先生。返回公司途中，孙总临时想起要到昆仑饭店看望一位老朋友，便让我和司机老赵在车里等他一会儿。

"小于，你说人民币升值是什么意思？"赵师傅突然问我。他快六十岁了，满脸络腮胡子，手里正翻着昨天的晚报。

"人民币升值，就是我们的人民币与某种外国货币相比更值钱了。"对于赵师傅这种年纪的人，我必须使自己的解释通俗易懂，"假如说1美元兑6.2元人民币，也就是说1元人民币相当于16美分；如果人民币升值，1元人民币也许就可兑17美分或18美分了。"

"这报纸上说，美国还有日本老想让我们的人民币升值，那他们不是犯傻吗？"赵师傅说着，还打着手势，"比如，我现在开的这辆美国产的车，过去我们买可能要花2万美元，如果人民币一升值，那我们再买，也许只要1.9万美元了，是不是这个意思？"

"是的。"我点点了头。

"那美国公司不就少赚了1000美元，或者说是赔了1000美元吗？这样，他们老是让我们的人民币升值，不就是犯傻吗？"

我忍不住笑了。不能说赵师傅这种理解就是错的，但是，国际金融和国际贸易关系又绝没有这么简单。怎样才能把问题解释得更加简单明了呢？我想了一会儿说："赵师傅，这对美国公司来说，它一分钱都没少赚。你想想，人民币升值以前，它一辆车卖2万美元，也就是12.4万元人民币；人民币升值后，虽然它可能只能卖12万人民币了，可是，它把这12万人民币拿到银行去后，银行仍旧给它兑换2万美元呀。"

"为什么它还能兑2万美元？"赵师傅一下子没明白。

"因为人民币升值了呀。过去要12.4万人民币兑2万美元，现在12万元人民币就可以兑2万美元了。"

"噢，我知道这账怎么算了。"赵师傅拍了拍自己的脑袋，"这么说，美国人并没有吃亏？"

"话不能这么说。"我说，"现在美国老是想让我们的人民币升值，主要是想提高他们的产品和服务在我国市场上的竞争力，也就是想削弱我们的产品在国际市场上的竞争力。"

"人民币升值，更值钱了，怎么我们的竞争力反而下降了呢？"

这涉及复杂的国际金融原理，现在只能浅入浅出。我指着旁边的一个星级酒店说："比方说，这个酒店的标准间住一天是100美元，也就是620元人民币。如果人民币升值了，这标间仍然是620元人民币住一天，但外国人来住时，就得付110美元，或者更多。这样，那些外国游客一看你的住宿费涨了，他们可能就少来了，甚至不来了。他们可能去新马泰了，因为那些国家的货币没有升值。由于人民币升值，这家酒店的客人就少了，最后它可能就得关门，让员工下岗。所以说，人民币的升值，我们一些行业的竞争力就被削弱了。不仅饭店，因为客人少了，连为这些饭店服务的餐饮、娱乐、旅游、民航等行业也会受影响。它们的竞争力也一样会受到影响。"

"那对美国人自己有什么好处？"赵师傅还是那样认真地问。

"道理是同样的，比方过去我们买一辆美国车，要花2万美元，也就是12.4万人民币；如果人民币升值，那我们再买美国车，可能只要12万人民币了，就等于它降价了；它一降价，买的人就多了，它的市场竞争力就提高了，美国政府也通过多卖车，税收增加了，就业人口也增加了。"

"噢，我明白了。"赵师傅笑着说，"看来美国人不傻。我原来还以为美国人是看我们经济发达了，死皮赖脸地让我们的人

222

民币升值，就是为了慢慢让我们做老大，给我们捧场。看来他还是想跟我们中国过不去。"赵师傅这种朴素的理解也真有趣。

"小于，你懂得还真不少。"赵师傅是个地道的老北京，非常健谈，也非常实诚。

"赵师傅，您过奖了。"我被他说得有些不好意思。作为一个现代企业的秘书，具备一些国际金融方面的知识是最起码的要求。虽然我们秘书的工作不需要像具体业务部门的人那样，天天盯着电脑上那些外汇变化曲线图，但当自己的上司为某项具体的贸易或投资业务而关注汇率变化时，如果你一点儿国际金融知识也没有，那你也就不配称为"上司的助手"。

随着企业国际化步伐的加快，秘书经常要与操各种语言和各种肤色的人打交道，也必须具备相应的国际视野，以及对各国文化背景的了解，如德国人的严谨、法国人的浪漫……事实上，随着全球化的浪潮一浪高过一浪，无论是对于外资企业，还是对于内资企业，国际国内两个市场正在逐步合二为一。企业为了生存，国际化是一种必然趋势。企业的国际化，必然要求企业的领导人具有相应的知识和视野。企业领导人的国际化，自然而然地就会要求自己的秘书具备相应的知识和技能。如果一个秘书连联合国总部在什么地方也不知道，美国总统叫什么名字也要问别人，那这样的秘书离被淘汰的日子也就不远了。

"赵师傅，我们当秘书的跟你们当司机的实际是一样的。比如说，您赵师傅开车修车都是一把好手，可是，如果您对北京的交通道路情况一点也不了解，孙总让您开车送他去飞机场，您说您不识路，要孙总给您指路，那您能说自己是个合格的专职司机吗？"

"那当然不是，"赵师傅说，"连这么简单的路都不会走，当然不配当专职司机。"

"所以说，如果我们这些当秘书的只知道端茶送水，也就不配当专职秘书。要是这样，孙总早就炒我的鱿鱼了。"

中午，高中同学小萌在微信上告诉我，说她炒老板鱿鱼了。这让我很惊讶。

小萌是名牌大学毕业的高才生，工作一年多了，在一家石化公司工作。虽然有"总经理秘书"的头衔，但一天到晚也没有多少事可做；我们很多同学都羡慕她工作轻松，不过，我知道她很苦闷，因为她似乎找不到自己发展的机会和方向而于心不甘。

前天上午老总在开会，她又没什么事，只好像往常一样在网上浏览新闻和八卦消息来消磨时间。十一点多，老总开完会出来，对小萌说自己下星期一去广州出差，让她把广州两个客户的合同找出来。

"您坐飞机去吗？"小萌问。

"是的，打算坐明天下午三点多的飞机。"老总说。

"那我帮您去订机票吧。"小萌主动说。

"不用了，我自己在网上订就行了。"老总说。于是，小萌只好怏怏地回到自己的办公室帮老总找出那两份合同。老总在公司她都感到无所事事，老总出差之后她会更无聊。想到这里，她暗叹一口气，把两份合同找出来之后，继续上网打发时间。

小萌说："我再也不能忍受这种日子了，我不想这么白白糟蹋自己的大好青春！所以，我要去找一个能发挥自己能力，实现自己价值的地方，哪怕条件差一点我也不在乎！"

当然，小萌遭遇这种境况完全可以把责任推给老总。实事求是地说，出现这种境况，小萌的上司负有很大的责任。既然你习惯这样事无巨细，大包大揽，那就说明你不会用秘书，是你让秘书整天无所事事，更何况秘书还是积极主动的。

但是，把责任推给了上司就能给小萌带来机会吗？小萌应该看到，上司这种大包大揽的工作方式，固然有他工作习惯的问题，但在更深层次上反映了上司对你能力或人品的不放心。所以，小萌的问题在她仅有主动积极的精神，她还缺乏勇气。

换作我，我就会大胆主动坚持帮上司订票，即使老总再"顽固"，他也不会拒绝我的"主动"；即使他再三拒绝我帮助他订票，那我还可以帮上司做出差的其他准备工作，比如，帮他查询广州的天气情况，把广州客户的其他资料一起找出来，把每个客户的资料分别用大信封装好……我主动坚持要求给上司"打杂"，一方面让上司看到我的能力，另一方面让上司从这种主动中看到我的上进心。只有这样，上司才会慢慢了解我和信赖我。

俗话说："谋事做人，成事在天。"作为一个的秘书，你必须主动地去谋事，至于上司给不给你机会，那谁也说不准，但是，如果你不主动去谋事，那上司肯定不会给你机会！

45篇
秘书应善于自我放松

今天是星期天。中午小琳来电话，她说她太闷了，让我陪她出去逛街，说说话，聊聊天。我说这几天我也太累了，我们还不如在我们大院旁边的小茶馆里坐坐。

下午的阳光静静地照在挂着草帘的墙上。从外面看，茶馆更像间花房；一进门，到处摆着花草，高高低低，错落有致；面积不大，但布置很有讲究；二楼似乎有人在弹琴，那悠扬的琴声从楼上飘下来，像是有条小溪在空中流淌……

我俩刚坐下，服务小姐就端来茉莉花茶。茶具下面附带着一个非常精致的小炉子，茶具煨在上面，热气直往外冒，我俩第一次看到这样精美的茶具。

给我们沏茶的似乎就是这小茶馆的女老板，三十多岁，穿一件黑绒旗袍，她的动作沉着缓慢，特别优雅。看她那她沏茶的动作，就像听她在讲述一个古老的茶道故事。

喝着清香的茉莉花茶，小琳的心情似乎舒畅了一点儿。

"小于，我实在不想当秘书了。我想下个星期去找人力资源部的人谈谈，哪怕是去做销售也行。"

"是嫌秘书工作太辛苦了吗？"我问。

"辛苦一点倒无所谓。"小琳指着自己的头说，"要说累就是这里累。我现在怕听老板叫我，一听他叫我，我就非常紧张，甚至感到恐惧。"

"不至于吧？"我问，"你原来不是挺满意自己的工作的吗？"

"本来也挺好的，公司的形象也好，个人的待遇也属中上，老板原来是教授，挺斯文的。但我不知道从什么时候开始，我总觉得有人在盯着我的位子，老板随时都会炒我的鱿鱼似的，所以，我老想是把工作做得更好，让老板更加满意。可是，我越是想把工作做好，越是想让老板满意，工作就越做不好，老板也越来越不满意。由于工作越来越不顺手，现在每天下班回家后，我都要想想，哪件事没做好，哪件事应该做得更好。现在我每天晚上都失眠，一失眠，白天上班精神不集中，失误就会更多。前天，我替老板给一用户发邮件，把'163.net'发成'163.com'。因为没收到邮件，对方打电话来找老板，老板让我重发一遍。可不知是什么原因，我又出错了，而且是同样的错误，昨天老板把我狠狠地批了一顿。现在我觉得一进办公室，就像进了高压锅似的。给老板当秘书整天提心吊胆的，所以我想换个工作。"

"小琳，你注意到没有，假如你要烧一壶水，你坐在那儿看着那个壶，等着水开，是不是有一种水永远也不会沸腾的感觉？"

小琳点点头。

"那是因为你精神太紧张的原因。所以，假如你要烧一壶水，并不一定要盯着那把壶。为了提高工作效率，我们的确要精神集中，加快办事节奏。但是如果精神不放松，加快办事节奏就可能成了毛毛糙糙……"

秘书处于公司各管理系统的中枢，地位的特殊，事务的繁重，角色的复杂，经常使秘书的心理处于紧张状态。有焦虑心理是正常的，因为它能集中注意力，增强觉醒强度，因而在生活和工作中是必要的。但是，如果不能及时恢复到正常状态，不注意加以调整，就可能会造成心理失调，出现包括缺乏自信心、充满失败感和愧疚感及相互交织的不安和忧虑的精神状态。

人的大脑神经不是手机，不可能24小时都处于开机状态。什么时候都想着工作，不让自己的大脑神经有松弛的机会，能把秘书工作做好吗？下班了，不把工作留在办公室，头脑里老是想着当天的工作，让自己的大脑神经总是处于一种亢奋状态，晚上就睡不好，大脑就得不到休息，第二天上班肯定会残留着头一天的疲倦，人一疲倦，精力就肯定不能集中。精力不集中，在高度紧张的状态下，自然会出差错，办事效率肯定会低。长此以往，这必然会影响情绪，形成恶性循环。本来是想把事情做好，让上司满意，结果办事效率却越来越低，差错越来越多，上司反而越来越不满意。因此，秘书有一个重要的原则，那就是下班后一定要让自己与办公室隔绝，不要带笔记本电脑回家，在家里也不要用手机查看工作邮件。

"小琳，我觉得你现在这样子，就是要学会放松。"

作为秘书，一定要保证每周至少有一天的休息，让自己的大脑神经松弛下来，约上三五好友，到茶吧里喝茶聊天，在幽静舒缓的氛围里释放自己的情感困惑；或者躺在床上静静地读读自己喜欢的书；或者干脆去爬山、游泳，让自己紧张了一周的身体得到最大程度的舒展；当然，也可以什么都不作，就是赖在床上看电视、睡大觉，然后给自己做一顿精美的饭菜犒劳犒劳自己。总之，你每周都要拿出一定的时间给自己，让自己以单纯女性的身份来享受生活的美好。

"除了换工作，或者干脆辞职，我真不知道怎么放松。"

"不会吧？"我说，"你不是一直挺喜欢逛商店吗？到那些精品店看看。那里面的皮毛大衣、项链钻戒、丝绸皮具，都绝对是一种视觉享受。在这种走走看看的过程中，你的精神不就放松下来了吗？"

"咳！一个人逛街有什么意思？"小琳幽幽地说。

我差点忘了，她的男朋友外派非洲快半年了。

"实在不行，那就回家后陪你妈聊聊天呀！"

"有什么好聊的？她现在看我这样她也烦！"

"你帮你妈做饭，当个乖乖女，她肯定高兴还来不及。"

"你看我什么时候做过饭？"小琳笑着说。

"你不会做饭，那洗洗菜，刷个碗总可以吧？总而言之，你要千方百计把办公室的事和老板的脸色忘了。只要做到了这一点，至少晚上能睡个好觉。"

"那我试试看。"小琳的脸色开朗起来。

"今天是星期天，我们就不要谈该死的工作了，好吗？"我说，"我讲一个我们公司同事的笑话给你听。"

"什么笑话？"小琳来情绪了。

"星期五中午，我们几个在餐厅用餐，有人跟公司销售部一个男生开玩笑，说你大学毕业好几年了，也二十七八了，怎么老不见你交女朋友，跟人家约会，是不是找不着对象。如果是找不到，要不要我们几个给你帮帮忙？那男生挺骄傲地说，不用。他说，曾经有好几个女同学愿意为他而死。他现在只要想起这几个女同学，他就宁愿独身一辈子，珍藏好这几份痴情。马上有人说他吹牛，说男人在这世上只要有一个女人愿意为他而死，就已经很难得了，不可能有好几个。这男生说，他绝对不是吹牛。他说，他的第一个女朋友是他的高中同学，有一天，那位女同学在教室当着全班同学的面，向他宣布：'你要是再缠着我，我就从这五楼跳下去，死给你看！'他的第二个女朋友是他的大学同学，有一天她温柔婉转地对他说：'如果你想做我的男朋友，可以，不过你得耐心地等着我，这辈子不行了，我只能下辈子做你的女朋友。'他的第三个女朋友是去年结识的一个网友，有一天她哭哭啼啼地对他说：'你要是再不还我的钱，我就和你一起吃安眠药，同归于尽！'"

小琳听着我学那几个女孩说话的腔调，早已笑得伏在桌子上直不起腰来了。

服务小姐过来又给我们斟茶，这茶沁人心脾，格外香。

当我们的心灵很累的时候，也给它泡杯茶吧。

46篇
秘书做事要走一步看三步

十二月×日

从昨晚起，雪就一直没有停下来，没有刮风，这银装素裹的世界，让人感到更加温暖和舒适。

中午的时候，经理又一次提醒玛丽，办公桌不能太凌乱。如果桌上的东西摆放得没有规矩，那么要用的时候就要满世界地去找，影响办公效率。玛丽说这根本不会影响她的办事效率，她的桌上表面上看很乱，实际上什么东西放在什么地方，她心里都清楚，一点儿也不影响办公。

经理见她不服，就说她的办公桌破坏了整个办公室的整齐清洁的形象。玛丽还是大大咧咧地说，那是她个人的风格，应该允许多种风格并存。见玛丽越说越没谱，经理把脸拉长了："我们这是总经理办公室，不是中学生宿舍。秘书做人办事都讲究严谨规范。"玛丽不敢多说了。

下午我去孙总办公室给孙总送文件的时候，孙总问我："小于，你查一下我的日程表，看我后天晚上有没有安排？"

"没有安排。"我立即回答。孙总每周的每项活动安排都记在我脑子里。

"公司广告部门一共有几个人？"孙总又问。

"总共八个人，男的五个，女的三个。"

"后天晚上没有安排，我想请他们吃顿饭。"孙总有些高兴地说，"你也知道，我们今年开发的 GMS 仪销路不错，把德国产的都压了下去了，这跟他们广告策划是分不开的。董事会非常满意，所以，我想请他们吃顿饭，表示一下公司领导的意思。你也忙前忙后的，就一块儿参加，这事你就给安排安排吧。"

"孙总亲自设宴犒劳他们，我想他们一定会非常高兴。"我笑着说。上司工作做出了成绩，也有秘书的努力，所以，做秘书的理所当然地可以引以为荣。

"孙总，你看用什么标准？"

因为公司请客有几种标准，相差也比较悬殊。

孙总笑着问："按 B 标准吧。合适吗？"

"非常合适。孙总，你喜欢淮扬菜，是不是还定在淮扬春大酒楼？"

"那样不太合适吧？"孙总说，"我请他们的客，是想让他们高兴高兴；他们不一定吃得惯淮扬菜，这事你跟他们去商量好了。他们想吃什么就吃什么。"

一回到自己的座位上，我的头脑里就像有台电脑，屏幕立即显示出几个问题：第一，如何通知广告部门？第二，后天宴会之前，还要做哪些准备工作？第三，宴会后有哪些善后工作要做？

很显然，用电话通知广告部门的人不合适。孙总请客，就是为了表示感谢和鼓励，要的就是一种气氛，让大家高兴高兴；用电话通知，冷冰冰的，显得公事公办，气氛出不来。见面三分情，虽然年底了我手头上的事很多，但我还是决定到他们那里去当面告诉他们，如果大家一起说说笑笑，甚至开几个无伤大雅的玩笑，那气氛肯定就出来了。于是，我来到广告部办公室，告诉大家："孙总为了感谢大家在开发 GMS 仪的辛勤工作，后天晚上请大家的客，请大家一定参加！"

果然，一片欢呼雀跃。一阵说笑之后，我把广告部牛经理悄悄拉到走廊上："牛经理，你看后天晚上在什么地方，吃什么比较合适？"

牛经理三十出头，精明能干。

"小于，我知道亮马桥那边新开了一家火锅店，价钱、环境和服务都相当不错。"

"涮火锅，档次是不是……"我有些犹豫。不过，吃火锅似乎是最能出气氛的。

"小于，你放心，档次形象肯定没问题。"牛经理说，"而且不会超标！"

"到时候，是不是要注意一下座次？"我又问，因为他们部有两个比较前卫的"新新人类"，在公司里是出了名的。

"除了让孙总坐首席，你我挨着孙总坐，其他的人爱怎么坐就怎么坐吧。"牛经理满不在乎地说，"你刻意安排他们的座位，大家反而会感到拘束。"

细想想，牛经理说得也对。

"牛经理，还有一件事。"我说，"后天晚上吃饭，我肯定得陪孙总先走一会儿。我们走后你可能要跟团队的人说一下，孙总请客的事对外不要太张扬。"

"这个我知道。"牛经理说，"如果让别的部门的人知道了这事，别的部门就会有想法。GMS 仪的成功又不是我们一个部门的功劳，肯定就会有人不服气，今后大家的工作就不好配合了。"

我感到牛经理是个情商很高的人。

"这样，等你陪孙总走后，我想请他们几个再喝几杯；我估计有孙总在场，这帮傻小子臭丫头高兴归高兴，但不一定放得开，我干脆自掏腰包再找个酒吧，让他们喝个痛快！"

是啊，对于牛经理来说，能得到孙总亲自宴请，就已是收获不小了，自己再掏点钱买痛快，那又算得了什么！

"行，这事就这么定了。"

回到座位上，静下来，我再次把这次宴请的经过像放电影一样在脑子里过了一遍，看是否还有什么疏忽遗漏的地方。

　　作为秘书，必须清楚而正确地了解上司指示的意思，只有这样才能正确地传达和执行上司的指示。在执行上司指示的过程中，秘书办事必须缜密周到，容不得半点马虎。假如我刚才为了省事，用电话通知牛经理有关孙总请客的事，而当时销售部的经理又正好在牛经理办公室商量工作，那后果就不堪设想。客还没请，就闹得沸沸扬扬，把气氛搞得一塌糊涂。对这种局面，孙总会怎么看我这个具体的经办人？所以，优秀的秘书就跟优秀的棋手一样，在走第一步的时候，要能看到第二步，想到第三步。

47篇
秘书要善于利用自己的岗位优势

⟲ 十二月×日

下午一上班，孔琴就打我的手机，问我现在吊唁时一般给死者家属送多少钱以表示慰问。我说我不知道，并问她是怎么回事。

原来今天下午上班不久，市某银行的李行长打电话来找孔琴的老板张总。张总正在宾馆与客人谈合作关了手机，作为张总的秘书，孔琴知道李行长是张总研究生班的同学，他与张总的私交不错。见孔琴一时联系不上张总，李行长就对孔琴说，他们导师的夫人昨晚突然去世了，他想约张总明早一起去看看老师。

"你们老板回来后，请你马上告诉他，让他给我回个话。"因为关系很熟，所以李行长说话也比较随便，"另外，看老师的时候，多少得送点钱，表示一下心意。我俩最好送一样多，所以，你问一问你们老板，看他打算送多少，到时候告诉我。"

张总要到下午六点才能回办公室，所以，孔琴想在向张总做汇报之前做好相应的准备。孔琴说："如果我向老板汇报李行长意思的时候，老板反问我'你说送多少钱比较合适？明天还要带些什么东西去？'而我又不提前做功课，那到时候我不就无言以对了吗？"

看来孔琴工作越来越成熟，办事越来越周到了。孔琴的老板知道师母去世的噩耗后肯定会有些不知所措，何况对送礼这类世态人情也不一定有什么了解。所以，孔琴把问题想在前面了。

的确，吊唁师母是老板的私事，送多少钱和带什么东西去看老师，作为秘书，孔琴都可以不闻不问；但是，这种"私事"如果处理得不好，必然会影响老板的工作，因此，作为助手，孔琴必须将这种事情当作自己分内的工作来处理。既然是分内的工作，那么，孔琴就应该充分发挥主观能动性，利用张总回来之前这一段时间做些相应的准确工作。比如，虽然吊唁的时候送多少钱没有一定的标准，但在社会上它有相应的默认规则，送多了人家可能认为你在摆谱，显示自己财大气粗，显得俗气；如果送少了，人家又可能认为你寡情少义。因此，如果孔琴还不知道这种送礼的行情，那就应该向部门或公司其他的人请教；如果公司的人不了解，可以向自己的亲戚朋友请教……

由于上司工作繁重，需要集中精力处理那些大事要事，所以，他不可能对自己的杂务事事向秘书做出指示，因此，秘书不能像算盘珠子，上司拨一下你才动一下；秘书必须充分发挥主观能动性，自己去找事做，想上司所想，急上司所急。如果秘书主动一步，那就会步步领先。孔琴的这种做法让我深深敬佩……

　　下午，经理让我带几盒礼品到宣武医院，代表姜总看望在那里住院的北京天地贸易公司的总经理文总。天地公司是我们公司一个很重要的客户。

　　我长到这么大，很少到医院看病，因此看到医院里那么多人，竟然有些吃惊。由于经理事先通知了天地公司，所以当我来到住院病房时，文总的秘书已在门口迎接我了。在病房里我只坐了四五分钟就告辞了。

　　在电梯口，一个看上去正要出院的老奶奶拉着一位护士的手说："朱护士，你真是比我的闺女还亲呐！"

　　那护士回答说："王奶奶，您别这么说，我们都只是做了分内的工作。"

　　这声音听着怎么这么耳熟？正在这时，那护士转过身来也看见了我，原来是中学同学朱莉！

　　我们坐在医院中央花园的长椅上。

　　"于雪，你当初的学习成绩那么好，怎么只考了个三本的秘书专业?！"

朱莉还在为我当年高考的失误而惋惜。我告诉她那次高考因偶然的原因出现失误，没考上一本，特别是我梦想的北京大学，但我现在并不后悔，我喜欢现在的这份工作。

"将来什么时候逆袭成为大老板？"朱莉问我。她看上去并不是在开玩笑。

"我还真没想过要逆袭当老板。"我笑着说。

"我就想逆袭！"朱莉认真地说，"我明年就能拿到成人教育的本科文凭；拿到本科文凭后就找个外企去上班，跳出这医院。"

"我看你刚才对病人不是挺好的吗？"

"我在这里一天，当然就要做好一天的工作。"朱莉说，"但我不想做一辈子护士，即使得个南丁格尔奖，又有什么意思？还不是一辈子伺候人吗？"

晚上，我躺在床上，怎么也睡不着。

"即使得了南丁格尔奖，又有什么意思？还不是一辈子伺候人吗？"

朱莉的话老是在我耳边响起。望着天花板上的吸顶灯，我觉得它变成了一个巨大的问号，似乎在问我：当年南丁格尔为什么要选择当护士作为自己的终身职业？其实，在一二百年前南丁格尔生活的那个年代，欧洲大陆上的护士还不是一种严格意义上的社会职业，那时许多医生甚至不允许护士进入病房。

护士可以说是肮脏、粗俗甚至是淫荡的代名词。出身高贵而富有家庭的南丁格尔，在豆蔻年华，她的人生有那么多种选择，她可以像许多上流社会的同龄人一样赶时髦，当作家、科学家，甚至做商人，也可以嫁人，当个终日衣食无忧的贵妇人，可她为什么要选择当护士呢？当时护士的社会地位不仅低贱，而且危险。因为那时欧洲大陆连年战争，到战地医院去当护士，生命随时都会有危险。南丁格尔不仅选择护士当作自己的职业，而且当作了终身职业，甚至为此牺牲了自己的爱情和婚姻。这是为什么？当时她想到过自己的幸福、自己的人生价值这些问题吗……肯定想过，不然，她不会做出这种惊世骇俗的选择，并终生无怨无悔！那么，她人生的价值到底在哪里呢？也许，在她看来，做社会最急需的事，做自己最喜欢的事，做自己最适合做的事，就是最幸福的事。只有这样的人生，才是最有价值的人生！

那么，我呢？如果让我做一辈子职业秘书，我会幸福吗？我是不是要像朱莉说的那样要逆袭，否则，我的人生就会没有价值？

不！当这个念头刚冒出来，我头脑里条件反射似的坚定地否决了这个想法。职业秘书和职业经理人一样，是现代社会经济甚至包括政治在内，发展到一定高度的必然产物，在当前属于黄金职业。我喜欢做秘书工作。对于秘书来说，工作虽然纷繁复杂，但只要你善于学习，注意积累，你的进步就会比一般的员工快。秘书在公司的地位似乎不高，而且受一些影视作品的影响，社会形象似乎也不太好，但由于秘书的接触面广，而且接触的层次相对较高，只要善于利用自己的岗位优势——人脉与信息上的优势，秘书成长的机会也比一般的员工多。

我不仅喜欢秘书工作，更重要的是，我觉得我适合做秘书工作：喜欢接受挑战，但个性又不张扬！我喜欢从事这种以与人打交道为主的工作，办事比较规范，工作和收入都比较稳定。可以说，从事秘书工作，既是我最现实的选择，也是我最理想的选择。越发达的社会，越需要教育；越正规的公司，越需要秘书。据说在法国，女性最理想的职业，教师排第一位，秘书名列第二。在国外，女秘书做到40岁甚至50岁都是很平常的事。如果有可能，我也愿意做秘书做到40岁，甚至50岁。对于这样一项自己喜欢又适合自己的职业，用自己的一生去经营，不是一件最有价值的事吗？

48篇
秘书必须知法和守法

十二月×日

今天是星期天，太阳很好，吃过午饭，我和妈妈在南边的屋里聊天。妈妈说快过年了，应该用我的奖金买几件衣服了，别老是穿那几件衣服上班。我笑着说："我上学的时候，有时想让你给我点钱买衣服，你老是说十八无丑女，不用买；现在反过来要多买衣服，是不是嫌我老了。"妈妈说："现在上班了，不能老让公司的同事说你寒碜，而且现在要考虑交男朋友了……"

正当我俩这样东聊西扯的时候，我的手机响了。是经理从积水潭医院打来的。他说李总出了车祸，让我赶紧过去。

妈妈一边看着我穿衣服，一边抱怨，说秘书这差事真不好干，大周末的，说有事就有事，一时安生也没有。我说这就是当秘书和一般员工的不同之处。从这个意义上讲，秘书像个战士，必须无条件服从上级命令，包括双休日在内，要准备随时加班。

我下楼拦了一辆出租车直奔积水潭医院。在急诊室的走廊上，经理和孟姐他们都早已到了。原来李总中午参加完外商联谊会的午餐后，在回家的路上被一辆搬家公司的卡车追了尾。虽然没有外伤，但仍在检查之中。

经理对我们几个进行了临时分工：托尼和对方公司的代表去交通大队，讨论事故处理的问题；孟姐通知李总家属，伤不重，不要着急，准备好李总的病历卡等，马上送来，如果不方便，让小石过去取；我和玛丽回公司值班，并尽快通知保险公司和公司的常年法律顾问，经理自己和艾丽丝则留在医院。

我和玛丽回到公司，马上通知了保险公司和律师。

真是天有不测风云，人有旦夕祸福。

四点多钟，托尼回到公司，把一份手写的协议书草稿递给玛丽，让玛丽尽快打出来，打出来之后用邮件发给公司的律师，待律师审过传回来之后，马上送到在医院的经理手上去。说着，他又匆匆走了。

协议书的内容是：

协议书

肇事者（甲方）：北京××搬家运输公司

地址：北京市西城区××路48号

法定代表人：×××

受害者（乙方）：东岩国际（中国）有限公司

地址：北京市朝阳区××路××大厦18层

法定代表人：×××

甲乙双方就××年十二月×日下午一点三十五分双方车辆碰撞事件达成本协议：

一、甲方承担发生车辆碰撞的一切责任。

二、甲方除对自己造成的后果表示道歉外，愿意全额负担给乙方造成的一切损失，这些损失包括但不限于受伤者的治疗费、住院费、误工损失、营养费、看护费，总计×万元。

三、乙方同意甲方先直接支付治疗费和住院费×万元；其余的费用在本协议正式生效的同时支付；如果伤者发生后遗症，甲方赔偿的金额和办法另行商议。

四、乙方有权索赔在本协议中未包括的各种损失，乙方只要求甲方承担经济赔偿责任。

五、本协议经双方法人代表签字后正式生效。

甲方（盖章）：　甲方代表（签字）：　××年×月×日

乙方（盖章）：　乙方代表（签字）：　××年×月×日

十多分钟后，玛丽就把协议书打印出来，并用邮件发给了公司的常年法律顾问。

"真没想到秘书的事还要管这么宽。"玛丽感叹道，"于雪，我记得托尼不是学法律专业的吧？"

"托尼是学土木建筑专业的。"我说。

玛丽有些敬佩地说，学土木建筑专业的人能在这么短的时间内和这么仓促的情况下，拿出这么一份协议来，得有点真本事。

我也觉得托尼这么快拿出这么一份协议不是件容易的事。

"其实，我们公司聘有那么多法律顾问，我们这些秘书法律知识多一点儿少一点儿，关系似乎也不大，于雪你说是吗？"

我摇了摇头。法律知识包含两层意思：一是知法懂法，二是运用法律，两者是相辅相成的。秘书并不一定要像律师那样精通法律，但你必须具备起码的法律常识，遇到问题时能够有意识地利用法律加以解决。

市场经济就是法治经济。公司的一切业务，都是在相应的法律规定约束之下进行的。这些法律规定就像大街上的人行横道线，即斑马线。人行横道是每个人在道路行走过程中都会经过的途径，它是对所有行人行为的约束，也是对每个行人的安全保护。企业经营就好比走在车水马龙的大街上，需要经常横穿马路，因此必须按道路上已画好的斑马线行走。秘书必须懂法，知道自己是否走在这条斑马线上。

在公司经营活动中，如何获得、行使与保护公司的法律权利，如何避免出现法律纠纷，以及出现法律纠纷后如何解决，这些都涉及专门而又复杂的法律条文，必须由专门的律师来处理。但是，这并不等于我们这些秘书不需要具备一些法律知识。企业对法律知识的需求，不仅体现在签订那些事关全局的协议或合同时，更多体现在普通的日常工作中，律师往往只是最后的把关人。从各种协议与合同的起草，到与客户的常规谈判，秘书只有具备了一定的法律知识，才能在辅助上司决策和处理日常工作过程中，为其提供正确的建议，使上司能够在日常经营活动中及时判断什么事可以自己解决，什么时候需要律师的帮助。这样就可以避免一些法律困惑和纠纷，大大降低公司法律需求的成本。

　　天有不测风云，秘书具备一定的法律常识，实际也是给自己个人的权益撑起了一把保护伞。

49 篇
秘书应养成写日记的习惯

○十二月×日

下班的时候，我让玛丽陪我到商店买个日记本和效率手册。效率手册用于随身携带，做记事本；而日记本则是每晚写日记用的，记录自己当天工作和生活的所思所悟。

玛丽一听我说要买日记本，觉得不可思议似的："你还用笔写日记?！"

"当然，从初二起我就写日记，而且一直用笔写，这有什么好奇怪的?！日记不用笔写，你是用火柴梗写的？"

"我早就不用笔写日记了。"玛丽特别自豪地说，"从去年起，我就用手机说日记。"

"说日记？"

"那当然！把手机调到自拍状态，对着它，想说什么就说什么。比如哪天我想骂你，我就对着它骂你。说完之后进行简单的编辑，就进行云存储。与你那种用笔一个字一个字写相比，我说的日记既有声，又有影，不仅更加真实，而且更加生动，也能保存得更长久。如果你要买个好一点儿的手机，我倒愿意陪你去。"

听她这么一说，我真还有些动心了。但我还得细想想。

晚上，看着剩下最后两页的日记本，就像中学毕业时，与相处多时的老师同学分别一样，依恋之情油然而生。一年来，就是这个小小的日记本，每晚听我诉说当天工作和生活中的喜怒哀乐，既像位大姐姐一样给我安慰，又像位老师一样给我鼓励；既像面镜子一样，让我看到自己的进步与不足，又像位按摩师一样，让我的心灵得到解脱和畅通……

从初中二年级起，我就开始天天写日记。读书的时候，我的日记大多是读后感，有什么感想就写什么感想，当然尽量写得生动、实在、深刻。它不追求文体、格式框框，写起来有长有短。

当了秘书以后，我又养成了在每天下班前的5分钟整理备忘录的习惯。备忘录上记载了一天的工作摘要，包括当天会见的客人，新收集的名片资料，等等。秘书每天的工作内容多半繁杂无章，所以在一天工作结束前将它整理一下，对第二天的工作非常有好处。当天应进行的工作项目，分别把已完成的和没有完成的工作打上不同的记号，做到心中有数。把当天的工作检查完毕后，接着列出第二天要做的工作项目，初步拟订时间表，尽量详细，防止疏漏；最后整理办公桌。下班前将办公桌整理得干干净净，才算真正结束了一天的工作。有了这个备忘录，我写日记就有了充足的素材。但与备忘录不同，日记主要是记录当天的所感和所思。

写日记，已成了我生活的一部分。很多年前，我跟老爸回过一次南方老家。那是靠近京广铁路的一个小村庄。那里的人们有句口头禅，"千金难买回头看"。意思是当你横穿铁路公路时，一定要回过头看看后面有没有火车汽车开过来，保证自己的生命安全。我写日记就是为了养成自己经常回头看的习惯。一个星期过去了，一个月过去了，一年过去了……闲暇的时候，偶尔看看过去的日记，你就会从整个社会的坐标上清楚地看出自己生命的曲线图；当你生命的曲线上升的时候，你为自己骄傲；有的时候它往下走，你为自己脸红，甚至懊悔。看清了自己工作和生活的曲线图，你就知道自己下一步该如何工作，如何生活，朝着自己心中的理想前进。一个职业秘书，很少有叱咤风云的机会，只有靠一点一滴地自我积累，一步一步地自我校正，才能在平凡的工作和生活中，登上自己心中的喜马拉雅！

写日记还是个很好的心理疗愈方法，日记像个废纸篓，能让你把当天所有的烦恼和忧愁装进去。记日记，不必一味压抑自己的负面情绪，可以把自己对工作的抱怨都写在日记里。这样，不仅疏导了自己的情绪，而且还梳理着自己的理智，写日记其实也是一个思考的过程、反省的过程。吾日三省吾身。

俗话说，好记性不如烂笔头。我不能学玛丽用嘴说日记，还是要坚持用笔写日记的习惯。这不仅是因为笔比嘴能更细腻、更准确地记录自己内心的所思所悟，也是一种秘书的职业要求。记得我们刚上大学的时候，我们的专业还叫文书专业。多少年来，中国的秘书一直被人称为文书；而许多文书又以"办公室一支笔"或"秀才"而自豪。写作，于外，是文书们安身立命的什物神器；于内，是文书们傲然独立的精神支柱。现在公司的秘书似乎不用像过去的文书那样强调笔头功夫了，写什么似乎都可以从电脑里找到现成模块，照猫画虎，往里"粘贴"，省时又省力，只要通顺就行，有没有文采已不重要。但是，作为秘书，我们不能轻易自废这种基本功，因为秘书用笔写东西的地方太多了，而用笔写日记，虽然不是保持写作基本功的唯一方法，但可以说是最好又最现实的方法……

50篇
学会吃也是秘书的功课

十二月×日

快下班的时候，经理让大家加一会儿班，说是我们在昌平的工厂来了电话：他们明天要在中国大饭店开新产品发布会，由于来宾人数大大超过了原来预定的人数，他们准备的会议材料不够。请我们帮忙再准备几百份，明天早晨九点他们派人来取。于是，除了孟姐要去接儿子，提前走了，其他的人都留下来加班，复印的复印，装订的装订，七手八脚，不到两个小时就弄完了。

"头儿，我们的肠胃都在抗议了，怎么办？"玛丽一边收拾东西，一边开玩笑。

"是呵，我的肚子也在抗议了。头儿，请客吧！"

托尼马上附和，于是，经理决定"跳楼大请客"。

托尼号称公司第一美食家，责无旁贷地领我们几个来到楼下不远一家新开的家常菜馆。

吃什么？点菜的时候，一个个都斯文起来了。

"来一个东坡肘子吧。"

托尼见女士们都斯文起来，便赤膊上阵。一听东坡肘子，玛丽和艾丽丝几乎同时叫了起来。

"太棒了，绝对美容！"玛丽说。

"太肥了，托尼，我正在减肥呢！"艾丽丝说。

"还是换个有品位的菜吧。"珍妮有些鄙夷地说。

"怎么，你觉得吃东坡肘子太粗俗？"托尼有些不高兴，"你认为苏东坡没品位？在中国，还有几个人比苏东坡更有品位，更有文化？你知道吗？苏东坡说'无竹令人俗，无肉令人瘦'，若要不俗又不瘦，天天吃顿笋炒肉。"托尼说的是歪理，却也无懈可击。

不一会儿，服务小姐从厨房出来说，今天已经没有肘子了，托尼马上改点东坡肉。小石加了一个宫保鸡丁，服务小姐一听小石加宫保鸡丁，马上向我们"隆重推荐"："我们店里有个厨师，做叫花鸡是一绝，这么多人，还不如来个叫花鸡。"

"我们不吃叫花鸡。"玛丽开玩笑地说，"要吃，我们就吃大款鸡！"

"大款鸡我们这里也有。"服务小姐笑着说，"不过，它不叫大款鸡，而是叫富贵鸡。"

大家都笑了。小石问服务小姐为什么叫花鸡，它有什么典故。服务小姐红着脸说她不知道，等大厨忙过之后出来给我们说说。

"小姐们，关于叫花鸡的来历，我给你们上上课。"托尼一本正经地说，"在古代，乞丐沿街乞讨为生，他们人穷志短，就难免要做些偷鸡摸狗的事儿。他们偷到鸡了怎么办？既没有厨房，又不能生吞活吃。在这种缺灶少锅的情况下，有一个聪明的乞丐想出一个办法：把鸡从下面剖开，掏出鸡内脏洗干净，能吃的内脏塞回去，再放入一把盐，然后用黄泥包严，露天烧起柴草，烧烤这只包着黄泥团的鸡；等到黄泥自然干裂，里面的鸡也就香喷喷了，剥掉外面的黄泥，鸡毛自然跟着脱落。这种方法做出来的鸡，就是叫花鸡。叫花鸡在杭州那边流传了几百年了。"

"那么，既然有叫花鸡，怎么还有大款鸡或富贵鸡呢？"小石追问。

"没人叫大款鸡。富贵鸡其实就是叫花鸡，是后来人们给它取的艺名。由于过去乞丐穿的衣都打着补丁，在京剧里，乞丐穿的衣又叫富贵衣，所以叫花鸡又叫富贵鸡。"

托尼见我们几个听得津津有味，又洋洋得意地说："作为秘书，这点常识都没有，你们不觉得对不起我吗？"

"会吃对秘书来说算什么本事？充其量可以叫作饭桶秘书。"
玛丽反唇相讥，大家都乐了。

"玛丽，你这么说就不对了。"经理笑后严肃地说，"懂一些饮食方面的知识，对于一个秘书来说，也非常重要，因为替上司招待宴请客人也是秘书的一项日常工作。秘书在招待客人时，不仅要能根据客人的籍贯、年龄和性别等方面的不同，选择适合他胃口的菜馆，而且要能对一些名菜做相应的介绍，一方面能显示出秘书的素养，另一方面也能营造一些气氛，给客人宾至如归的感觉。就比如刚才小石点的宫保鸡丁，它就有一段关于袁世凯的故事，如果你能边吃边介绍，就会让宴席增添许多气氛。"

　　我国的烹饪技术与医疗保健有密切的联系，在几千年前有"医食同源"和"药膳同功"的说法，利用食物原料的药用价值，做成各种美味佳肴，达到对某些疾病防治的目的。经理继续说："注意上司的保健也是我们当秘书的一种责任。一些年纪偏大的上司，有些人患有慢性病，如糖尿病、高血压、冠心病等，在宴请的时候，对这些病有什么忌口，秘书应随时提醒上司。所以，学会吃也应当是秘书的一门功课。"

　　"可也有人不喜欢吃中国菜，想吃西餐，快捷、卫生、方便。"玛丽说，"前几天我陪马克太太逛王府井，说请她吃全聚德的烤鸭，她不吃，一定要吃正宗的意大利比萨……"

　　"那环境多优雅，多有品位……"珍妮插话说。

　　"你知道吗？当年的比萨和叫花鸡一样，也是穷人吃的东西。比萨有个外号叫'八日比萨'。你知道是什么意思吗？"托尼觉得珍妮有些"数典忘祖"。

珍妮很坦诚地说自己不知道。

"所谓'八日比萨',就是允许顾客赊账一个星期。"

酱红色的东坡肉上来了,肥而不腻,让号称正在减肥的艾丽丝赞叹不已,连忙问服务小姐:"美女,这个东坡肉是怎么个做法?"

看来艾丽丝是真的喜欢上东坡肉了。服务小姐连连摇头,说她是新来的,还不太清楚怎么做。

"艾丽丝,还是我来教你:做东坡肉要选用新鲜的五花肉,如果怕太肥,配一点后腿肉也行;切成方块,先用开水煮一煮,把水全部倒掉,再加酱油和酒,盖严锅盖用小火煨烧,肉熟透后,加冰糖,烧成汁浓稠,色油红,就可以了。记住,糖要后加,不然,容易烧焦。"

"这么复杂!"玛丽感叹地说。

"美女们,做这么简单的菜,你们都嫌烦,那将来你们怎么嫁得出去?!"托尼有些幸灾乐祸地问。

"本小姐永远不嫁!"

我们几个几乎异口同声地说。

51篇
"忠诚"是秘书的职业生命

一月×日

年关过了，刚刚稍微轻松一点儿，经理又让我把所有文件资料都重新整理一遍。存档是秘书工作中最烦人的，但是，你又不得不按规矩、老老实实认真仔细地做，不然，很多时候会让你抓瞎。比如，你正在招呼客人的时候，上司突然来电话，叫你把某份文件送到他办公室去，如果你不按规矩存放，一下子找不到文件存放的地方，你怎么办？还有，今天是小石存放的文件，万一明天她调走了或辞职了，上司让你把文件找出来，你不知道文件存放的规矩，你怎么办？每次存档的时候，我总是想起美国电影里那些警察局里的警察查找犯人档案时的情景，我自己都觉得好笑。

中午吃饭的时候，在十七楼上班的师姐楼莉说在他们办公室对面的一个比利时公司的办事处，前天有秘书被警察抓走，今天老板也被抓进去了。

玛丽给楼莉起了个"楼透社"的外号，果然名不虚传。

"那秘书是因为什么被抓进去的？"经理问。

"那秘书偷刷她们首席代表的信用卡，据说刷了七八万，所以老板报警，一查，就把秘书抓进去了。"

"所以，秘书一进去，就把老板给咬出来了，是吧？"经理推测。

楼莉说就是这样。

"那秘书为什么要偷刷老板的卡呢？她难道不知道自己这是在犯罪吗？"小石问楼莉。

"具体情况我也说不清。"楼莉说，"不过，我想主要还是妒忌心太强。你想想，秘书一个月挣多少钱，老板一个月挣多少钱？秘书肯定觉得自己干的活比老板干的还多，也比老板累。我从她平时的言谈中看出，她心里是不平衡的。哪个当秘书的手里没有几根老板的'小尾巴'？加上她的老板是个马大哈，又有一些把柄抓在她手里，所以，我估计她就是这么想，不花白不花。"

"那老板为什么要用这种秘书？"小石仍然不理解这种社会现实。

"唉，那老板实际上也只是个花花公子，只不过是有些背景罢了。在他眼里，秘书的脸蛋比秘书的忠诚值钱得多，更何况这里离公司总部也是天高皇帝远。"

楼莉看上去有些幸灾乐祸。

"那老板也够傻的。"玛丽说，"既然有把柄抓在秘书手里，他为什么要去报警？"

"他可能觉得自己做的那些事，做得天衣无缝吧。再说，也许当初他根本就没想到，自己的秘书就是颗定时炸弹。"楼莉说。

也许因为楼莉把秘书比作"定时炸弹"，让我们这几个秘书感觉不舒服，聊天就到此为止。

的确，如果秘书要想使坏心眼，对上司来说，他身边的秘书确实比定时炸弹还要危险。特别是在发达国家，许多秘书不仅要替老板安排日常工作，还要做帮助老板安排家庭聚会、管理老板的财务（包括交纳个人所得税）等私人事务，甚至有权代替老板开私人支票。

吃完饭，电梯太挤，我们几个慢慢地爬楼梯回办公室。

经理问："你们几个知道领导一般用什么标准选秘书吗？"

"首先是要漂亮呗。"玛丽说。玛丽似乎从来不掩饰对自己漂亮的自信。

"上司选秘书，首先确实是要看秘书看着舒服不舒服。但这并不是单看长相，还包括衣着打扮、言谈举止和气质。有许多人虽然不是很漂亮，看着却很舒服，特别是在接触多了以后，更是如此。所以，说上司不喜欢漂亮的秘书不是真的，但漂亮不是唯一的、决定性的。"经理说。

"第二条肯定是能力。办事麻利，知识面广，人缘又好。"小石说。

"对！这一条是肯定的。但还有一条，那就是放心，用起来放心，保证忠诚，而且这一条是最关键的。长相问题，相处越久，就变得越不重要；能力问题，可以随着时间而逐渐提高；而秘书的忠诚，像DNA一样，几乎是天生的，没法改变。所以虽然上司看秘书的长相，看秘书的办事能力，但起决定作用的还是看秘书的忠诚度。"

对秘书来说，忠诚就是她的职业生命。如果一个秘书对她服务的上司或公司没有忠诚度，就不能算是一个真正的职业秘书，充其量只是一个勤杂工。特别是对于那些快速成长的高科技公司，或者以服务业为主的公司来说，秘书的忠诚度更为重要。因为这种新兴的公司，它们在市场中的核心竞争力，可能就是一项专利，或者一个技术诀窍，或者一个创意，有时甚至只是一条商业机密，就像当年的可口可乐公司一样，就只有一个配方。如果秘书为了钱，或者为了泄私愤，完全有可能利用职务之便，出卖公司的这种无形资产，而且可以做得人不知，鬼不觉，甚至把老板卖了，老板还会夸她精明呢。

"头儿，你看我们几个人有没有你说的这种忠诚DNA？"玛丽又跟经理开起玩笑来了。

"好，那我就出个题目测试测试你们。"经理想了一会儿说，

"比如，董事会今年给老板定了1000万元的利润指标，完不成就撤他的职。快到年底了，还差50万，于是老板想利用今年最后一批进口的货物，采用高值低报的手法，偷逃50万的关税，来完成这1000万的利润指标。如果老板让你们三个秘书去办这件事，你们打算怎么办？"

我们相互看着，似乎谁都不想先说。

"玛丽，你先说说。"经理点将，因为问题是她先挑起来的。

"我睁一只眼，闭一只眼，装作不知道老板这么做的目的是什么。这样，办成了，老板会夸我；出了事，到了检察院，我说我只是个小秘书，我什么也不知道。"玛丽很认真地说，"头儿，怎么样？我的忠诚没得说吧？"

"你的忠诚度的确不错，但是，如果用100分制来评分的话，我只给你打50分。"经理说。

"为什么不及格？"玛丽有些不服气，仿佛这事是真的似的。

"因为一个优秀的秘书，首先是一个诚实守法的公民。干违法的事，对自己国家不忠诚的人，对公司忠诚没用，所以我只能给你个不及格。"经理不像是在开玩笑了。

"小石，你呢？"

"如果老板叫我去做这件事，我就马上向司法机关举报。我觉得即使砸了饭碗，也不能昧良心做违法的事。"

"你比玛丽好一点，但只能给59分。"

"为什么我也不及格？"小石感到奇怪。

"你仅仅是一个优秀的公民，但你并不是一个好秘书，作为秘书你还欠缺一些。"

"是啊，你把老板卖了，将来还有哪个老板敢用你这颗定时炸弹？"玛丽有些得意地说，似乎她的50分比59分还值钱。

"小于，你怎么办？"经理点我的名。

"在老板叫我去办这种事的时候，我会让老板放弃这种饮鸩止渴的做法，另想办法。"在经理把问题提出来的时候，我就想出了答案，"因为这事即使办成了，从长远来看，也会损害公司的利益。对一家有规模讲信誉的公司来讲，不应该做这种违法的事情，给自己留下一个永远也抹不掉的污点。"

"如果老板不听，逼着你去做呢？"经理似乎有些不依不饶。

"那我将主动辞职。"我不加思考地回答。

"好！我给你打99分。"

"为什么不能给100分？"小石玛丽几乎是同时问经理。

"作为一个优秀的秘书，应该有能力说服老板遵纪守法，从这个角度来说，你没有说服老板，说明你能力还差一点点，所以只给99分。但秘书毕竟只是个秘书，说服不了老板，是完全正常的。"

晚上，新加坡的黄老板给我来电话，要我到他的公司去给他当助理，他的秘书上个月去了美国。他说他给我的工资将是我现在的工资一倍以上。他反反复复说了近半个小时，看在他是孙总的朋友，又确实是真心对我的份儿上，我没有直接驳他。

"黄老板，您对我的厚爱我很感动，但我劳动合同还没有到期，所以，您的盛情我现在实在不能接受。"

"于小姐，这一点我早已想好了，如果你的劳动合同惹出了纠纷，由我的公司出面帮你处理。"

看来黄老板真的是实心实意。

"黄老板，您这么对我，我非常感激您。"我说，"但是，如果我这次这么做了，下次我到了您那里也这么做，那您怎么办？"

沉默了好一会儿，黄老板说："于小姐，你知道我为什么那么想要你到我的公司来吗？我看中的就是你这一点。"

52篇
尽量避免卷入办公室政治的旋涡

一月×日

从前天开始，公司已连续开了几天事务会了。今天会议的主要议题是讨论在美国硅谷设立分公司的问题。成立分公司没有分歧，但派谁去负责，分歧就比较大。因为这事责任重大，成败与否，关系到公司下一步的战略发展。

一些人主张派市场部的副总经理江岸去，理由是他在这两年工作干得有声有色，而且年轻有为。另一些人，包括孙总在内，主张派研发部的副总经理伍进去，理由是伍进搞技术出身，工作踏实有经验。主张派江岸去的人认为伍进去年抓的 TQ 仪项目不尽如人意，既造成了资金上的浪费，又耽误了时间，让美国的同类产品在中国市场上占尽了先机；主张派伍进去的人认为 TQ 仪项目的不成功，伍进虽负有一定的责任，但把责任全部推给他是不合适的，公司领导层也有一定的责任……由于这两种意见几乎达到了针锋相对的地步，姜总建议把这个议题先放一放，下个星期再议，先讨论其他议题。

连续几天的会议记录，让我的手有些发酸。

中午吃过饭，江岸打电话给我，说有点事找我帮忙。与江岸虽然很熟，但并没有多少私交。我来到他的办公室，他说他的电脑有点毛病，运行速度很慢，请我给看看。他们研发部有那么多能人却要找我，看来是醉翁之意不在酒。我试了几次，原来是电脑中毒了。

我让他想办法给电脑杀毒后，他果然叫我坐坐，说中午没有什么事，聊聊天。东扯西拉一阵儿后，江岸问我："今天上午怎么没看见伍进来上班，是不是昨天晚上和你们喝酒喝多了？"

看似闲聊，其实项庄舞剑，意在沛公。我终于清楚江岸叫我过来的目的了。虽然他没有提孙总的名字，但其实就是想拐着弯了解孙总与伍进的私人关系，特别是昨天晚上他俩是否在一起。昨天晚上孙总请客，宴请从上海来北京列席公司事务会的上海公司经理。是我帮孙总订的座，但我没有参加，伍进也没有参加。

江岸问我伍进昨晚是不是与孙总他们一起喝酒时喝多了，实际上是给我下了个"套"：不论我怎么回答，说伍进出席或没出席昨晚的宴会，说伍进醉了或没醉，他都能推测出孙总与伍进的私人关系。总之，无论我是肯定或否定的回答，都能给他一个明确的信息。

"江经理，我不知道昨晚伍进是不是和孙总他们一起喝酒了。"我说，"昨天我只帮孙总订了个包间，有哪些人出席我不太清楚，昨晚上我有课，没有去。"

江岸是个聪明人，看出了我的意思，于是很快在不经意中岔开了话题，问起我现在自学的是什么课程、课程难不难，需不需要他帮忙等。

对于公司内部的这种办公室政治的是非旋涡，秘书应该躲得越远越好。秘书在处理错综复杂的人际关系时，最好保持适当的沉默，不要热衷于打听公司里的"内幕"消息，即使自己知道一些内情也不要谈论。在遇到各种人际是非时装些"糊涂"，远离是是非非；这样不至于被各种是非旋涡所吞没。

在一个公司内部，人事关系是最为复杂又最为敏感的关系。作为秘书，如果你掺和进去，即使你保持不偏不倚，凭良心发表自己的看法或办事，也有可能被人曲解，肯定会有人说你是在替××说话，你跟××是一帮的……事情会更加复杂。因为事实上，确实有一些秘书就是利用这种错综复杂的人际关系，拉帮结伙，私仇公报，浑水摸鱼。所以，一般的上司都讨厌自己的秘书卷入公司内部的人事纠纷，免得给自己帮倒忙，添乱子。

下班的时候，我替孟姐给姜总送文件，姜总问我连续记录几天吃不吃力，累不累之后，突然又问我："小于，这几天你在会上听了那么多人的意见，你认为江岸和伍进谁去美国更适合一些？"

我几乎吓了一跳。姜总问我这么大的问题，不是开玩笑吧？

"姜总，你问我这么大问题，会把我吓出病来的。"我用开玩笑的口吻说。真希望姜总是在跟我开玩笑，离这类敏感话题的距离远一些。

"旁观者清嘛。"看来姜总是认真的。

虽然孙总主张派伍进去，但公正地说，江岸和伍进都合适，凭他俩的能力、经验和外语水平，当一个分公司的经理应该没有问题，有区别的是他们两个办事风格有些不同。

不过，经姜总这么一问，我倒记起上个星期出纳小田在吃饭时对我说起的一件事。小田说有一天江岸报了一个三千多元的餐费单，上面写着是请广告公司的人吃饭，但看单据上面的日期和饭店的名称，小田敢肯定他是请了他的老婆孩子，因为那天晚上小田正好也在那家餐厅吃饭，而且看见了他们一家人。

当小田说这事时我没太在意，一是发生这种事情在公司不是头一次，肯定也不会是最后一次，用不着我大惊小怪；二是孙总也不分管财务，这事跟我的工作八竿子打不着；即使孙总分管财务，也与我的工作没有什么直接联系。

但这件事现在该不该告诉姜总呢？当然，如果我不说，我没有任何责任，也不得罪谁，要是江岸知道了还会领我一份情，将来有什么事求江岸帮忙，他肯定会给我帮忙；相反，如果我说了，我就有可能得罪江岸，甚至有可能在公司上上下下、里里外外落一个"长舌妇"的"荣誉"称号；不仅江岸，甚至其他一些部门的人，不仅不会在工作上给我以协助，甚至反而会给我设置一些障碍，对我进行刁难。有许多秘书经常吃亏，他们吃亏的原因，并不是因为他们缺乏能力，或者工作不努力，而是因为他们知道得太多，并且说得太多，从而让上司和同事反感，把他们当成了搬弄是非的长舌妇。由于陷入了这种人际是非的旋涡，最终无法自拔。

但是，现在我必须把我知道的情况告诉姜总，因为公司的利益永远高于个人的利益！这是作为职业秘书必须遵守的准则。在一般情况下，秘书是不应卷入公司内部的各种是非旋涡的，但是在关系到公司未来一些重大决策的时候，秘书应该毫无保留地把自己收集到的信息提供给上司。如果说这是打"小报告"，那么，作为秘书，该打"小报告"的时候，就必须打"小报告"，否则，就是渎职！

"姜总，讲老实话，我认为他们两人谁去都合适，因为他们两人的能力是大家公认的。不过，我想起一件事来，觉得在这个时候有必要向您汇报。"

"什么事？"姜总问。

我把小田告诉我的说给了姜总听。姜总听我汇报的时候，脸上没有任何表情。我看他杯里没水了，马上给他斟满。

"小于，你注意到没有，今天讨论派谁去美国的问题时，我一直没有发言。"姜总喝了口水说，"就我个人而言，我是主张派伍进去的，你知道为什么吗？"

"为什么？"我小声地问。

"就是因为伍进在 TQ 仪项目上的失败。伍进的责任心本来就非常强，加上这次失败，他的危机感很重。我看中的就是他的这种危机感。"

总经理的眼光就是独到。

"这次到美国去设立分公司，不是平常的商务谈判，谈成了大家都好，谈不成就说对方条件太苛刻，个人没有责任。这次这个分公司，只能成功，不许失败，否则，我就没办法向公司董事会交代。这次设立这个分公司，面临的困难还是很多的，伍进受到过挫折，他的心理承受能力肯定会比江岸强一些，所以，派他去更有把握一些。"

姜总不愧是姜总，站得高，看得远。

53篇
随时给老板准备好下台阶的梯子

一月×日

上午，我们几个都到国际展览中心参观一个国际科技博览会。由于下午一点我要顶替小石值班，所以我一个人先回了公司。

刚要进办公室，只见小石眼泪滂沱地冲了出来，我正要问她发生了什么事，她已进了洗手间了。我进办公室，只见经理一个人对着天花板抽闷烟。

"发生了什么事？"我小心翼翼地问经理。

原来，就在十来分钟之前，一个看上去似乎有些耳聋的大爷来找他孙子，应该到十七楼去，却来到了十八楼，小石正好要去十七楼取材料，所以，就带大爷去十七楼了。小石刚走，姜总就来电话，让经理马上把上周与西安方面签的几份投资意向书送过去。负责文件档案管理的是小石，经理平时基本上不过问，所以找了一阵子也没找到。于是，姜总在电话里大发雷霆："你这个经理究竟是怎么当的？！连个文件放在什么地方都不知道，你一天到晚到底在干什么？！"

刚挨完姜总的训斥，小石就拿着资料回来了。

"小石，托您的福，刚才姜总发火了！你刚才到底干什么去了？！"一见小石，经理马上就把自己一肚子的怒火朝小石头上倾泻。见小石想分辩，经理的火气更大了，不给她说话的余地。

"废物！饭桶！要你这种秘书有什么用？！"

从小到大，小石什么时候挨过这样的骂，所以带着一肚子委屈冲进了洗手间。

"头儿，实在对不起，我要是早回来一会儿就好了。"

听完经理的说明，我一边向他道歉，一边赶紧找那几件资料，平时是我辅导小石学习存档，所以，我知道那几件文件大致存在哪个文件夹；把文件找出来后，我把它递给经理："头儿，姜总要的是不是这几份文件？"

经理说是的。我见经理有些迟疑，就马上明白是什么意思了，于是从他手中把文件要了过来。经理在把文件递给我时说了声"谢谢"。如果这个时候经理去姜总那里，即使不再挨训斥，也会有几句唠叨；如果由我替经理送过去，即使姜总的脾气再大，也不至于再冲我发火了。秘书在这个非常时刻，必须沉着和冷静；当上司因承受巨大的压力而沉不住气或大发脾气的时候，秘书不仅自己要能平静正常地继续工作，还要能缓和气氛，随时给老板准备好下台阶的梯子。也就是在这种时刻，最能显示秘书的价值！

姜总看到文件后，虽然还是有些不高兴，但也没多说什么。从姜总的办公室出来，我在洗手间找到了还在使劲擦眼泪的小石，一起来到小接待室。在这个时候，我不能再批评小石了。如果我说"因为你存放文件有问题"或"谁让你在这个时候离开办公室，惹头儿生气"之类责备的话，小石会感到更加委屈。

让小石慢慢平静了一会儿后，我说："小石，这件事过去了就算了。经理马上就要调走了，心情有些不太好，你也多理解理解他。你来公司快一年了，你工作认真又努力，这是大家公认的，上上下对你的印象都不错。"表扬了之后，我还是要批评她几句，"你也知道，昨天存放的那几份文件这几天要用，所以，在存放的时候，如果跟大家打个招呼，说这些文件放在某某文件夹，这样，经理就有可能自己找到，不会生那么大的气了。当然，这也跟我有关，要是我早提醒你，也就不会出现今天这样的局面了……"

小石的情绪基本上平定下来，于是我们一起回到办公室。秘书部门应该是一个团队，要有团队精神。由于企业经营的多元化和复杂化，因而对秘书的能力和专业知识的要求越来越高。在这种形势下，任何秘书的个人能力都显得有限，必须整个团队各有专长，互相配合，才能完成上司交代的任务。在这个团队里，必须精诚团结，如果秘书内部就勾心斗角，自己变成一团散沙，那不仅不能给上司创造一个很好的决策环境，反而还会给上司添乱。有团队精神，并不是不能批评，当谁出现失误的时候，不应该回避批评，批评也是为了进步，但在批评的时候也不应忘记给予鼓励。只有大家共同进步，才能成为真正的团队。

独木难成林。

54篇
秘书不是禁欲主义的代名词

○ 一月×日

　　年终奖金今天发下来了。与去年相比，又多了几千元。今年的奖金干什么？存起来？去旅游？买东西？如果买东西买什么呢？大衣，化妆品，或者办个什么卡……脑子里像放幻灯片一样，做了各种设想，但一样也没定下来。

　　今天我们几个人终于把所有的贺年卡发走了，下个星期起，我们就得开始准备给主要客户拜年了。对有些客户可以通过电话拜年，但对另一些客户必须登门拜年。对于登门拜年的，是秘书代表上司去，还是陪同上司亲自去；在什么时间，在什么地方，又是一大堆事。电视剧里的女秘书一个个都是吃香的喝辣的，为什么这么好的事就轮不着我呢？

　　快下班的时候，进出口部的刘奇到办公室来找我。他把我叫到走廊上，脸上似乎有些不自然地说："于雪，是这样的，我们一些大学同学准备在二十四号开一个圣诞 party，要求每个人都有伴儿。我还是只单身狗，所以，请你帮我个忙。"

"是吗？"我知道刘奇的意思了。

"是的。二十四号是星期六，时间是晚上六点到十一点。到时候我去你家接你，好吗？"

我想了想，二十四号晚上没什么事。我说："这样吧，星期六晚上我如果没什么事，我就给你打电话。"

听我这样回答，刘奇马上像拾了个大金元宝似的走了。

在下班的路上，艾丽丝问我："今天下午，刘奇来约你了，是吧？"

我点点头。

"不来电？"艾丽丝见我没什么感觉，好奇心更强了。

我还是点点头。

"我觉得刘奇这人挺不错的，真的。如果他今天不主动来约你，我还打算帮你俩创造机会呢。"

见我还是没有反应，艾丽丝有些担心似的问我："你是不是想当独身主义者？不会吧？你看你的小师妹玛丽，手机换得勤，男朋友换得更勤。你怎么不学她？你是不是有秘密？是不是有人了？"

我不知该怎么回答。艾丽丝见我脸红，便把我拖进了旁边的乐杰士。

"我请你给我当伴娘，你总不能什么都瞒着我吧？来而不往非礼也！"

看来我越是躲闪，她越有兴趣。但这事我怎么说？我不知道自己心里是甜还是苦。

"我们是在地铁里偶然相遇的。到现在我还不知道他叫什么名字，住在哪里。"我心里一阵痛。

"那是国庆节假期后第一天上班，我和平时一样，早上八点整准时进了军事博物馆地铁站。我挤进了由西向东开地铁的倒数第二节车厢。上了地铁之后，我便朝地铁的最后一节车厢挤去。那天我拎了一大包资料，还拎着几本书。虽然挤到了车尾，可我的两包东西没地方放。我正在挤挤撞撞，不知道该怎么办好时，靠最里面坐的一个男生朝我点点头，他站起身，让我坐到他的座位上。他自己朝车门挤去，在木樨地站下车了。第二天早晨，似乎是鬼使神差，我在同样的时间挤到了同样的地方，那个男生似乎也在等我，见到我后，又朝我点点头，马上起身把座位让给我，自己又朝车门挤去。

"这次我终于看清了他的脸。他的脸消瘦而清秀，身高肯定不止一米八。上身是一件普通的夹克，下身是条牛仔裤配旅游鞋；虽然不是很新潮，但是很清爽、很精神。他年纪看上去也就二十三四岁的样子，手里拿着一本大开本的书，像是本汉语教材。从此，每天早晨，我们像是约好了似的，准时进行点头问候和座位交接仪式。

"每天早上这样的情形大概持续了两三个星期。有一天早晨，我发现他每天早晨坐的那个座位上，坐着的是一位怀抱小孩的老奶奶，不知道怎么的，我心里突然感到了一阵空虚，像是丢了什么东西似的。就在这时，我的胳膊被人似乎是无意地碰了一下。回头一看，竟然是他。他一边朝我微笑，一边又朝车门挤去。

"就在这一天，一直在我心中有些朦朦胧胧的东西，突然变得清晰起来，那是一种期待！我想了解他，他叫什么名字，住在哪里，做的是什么工作，为什么每天在木樨地站下车，是不是中国人……"

"真是太浪漫了！"艾丽丝感叹地说，"你第二天为什么不主动跟他交流？"

"车厢里那么挤，我一上车他就要下车，哪有机会？"

"他也真是，应该主动找机会和你交流呀！多坐几站怕什么？往回坐又不费什么事！"艾丽丝说，"也许他是韩国人，或者是日本人，汉语说不好，感到自卑，所以不好意思主动跟你交流。可你的英文和日文都那么好，怎么不主动一点儿呀？"

是的，这到底是为什么？我是在等待时机，还是传统的羞涩在作怪？如果当时是这样，那么现在我感情的大门敞开了，它们已经像花一样要开放，像江河一样要奔向大海！

我说："艾丽丝，现在我真的很想了解他。"

"这就是缘分！"艾丽丝说："小于，他也许是北大或清华的留学生，租住在苹果园、古城那一带。不过，似乎也不太可能租那么远的房子。也许，他现在已经有女朋友了？"

"不知为什么，艾丽丝，我现在有些相信缘分了。我总觉得我与他之间有一种美丽而又神秘的牵连。真的，如果他接受，我愿意把自己的一生都交给他。"

"小于，你别说了，我眼泪都快流出来了。"艾丽丝有些激动地说，"明天早晨我帮你请假，你一定要找个机会或借口，跟他一起在木樨地下车，问问他的情况。"

"明天恐怕还见不着他。"我说，"从上个星期五起，我就没看见他了。"

"为什么？"

"我也不知道。"

"唉！"艾丽丝长长地叹了口气，"也许他是出差了，也许是短期回国了。像他这么一个人，怎么可能会像流星一样突然从你生活中消失呢？"

"我相信我和他会重逢的。"

我俩的心情都很沉重。希望毕竟只是希望。

"小于，我还以为你为了做好秘书工作，不准备谈恋爱呢！"艾丽丝换了个话题。

现在许多女性秘书，常常给人一种缺乏激情的感觉，其实这只是表象。她们和天下所有渴望真爱的女人一样，也有着对爱情的憧憬和对家的眷恋，只是现实的工作环境，特别是处在各种人际关系和是非旋涡中心，使她们必须为自己罩上一层保护膜，对不了解的人处处设防，使自己免受伤害。

对于长期工作在钢筋水泥丛林中，又不愿意被人当作小女人看待的女性秘书来说，她们心里的愿望可能更加朴素：穿肥大的毛线衣，懒洋洋地坐在地板上，看一天的电视；或者和朋友在店堂明亮的麦当劳里大嚼薯条；或者和心爱的人在有风的傍晚，在小河边发半天的呆……

"艾丽丝，你做秘书的时间比我还长两年，而且你元旦就要结婚了，你也认为秘书就一定要压抑自己的感情吗？"我反问她。

艾丽丝摇摇头。回答自然是否定的。

秘书在工作过程中，的确应当适当压抑自己的个性和感情。但是，这并不是说秘书不能有自己的个性和情感，一定要像清教徒和禁欲主义者那样生活。有些人拼命工作，以为这就是生活，其实，工作就是工作，生活就是生活，工作仅仅是生活的一部分，甚至可以说工作仅仅是谋生的一种工具，因此，如果错把谋生的工具当成人生的目标，而且太把它当成一回事，反而会把自己的工作弄得无趣无序，导致对工作产生厌烦情绪。如果对自己的工作产生了厌烦情绪，就会缺乏工作热情，注意力分散，工作效率降低。因此，从事秘书工作的人，应该比普通人更热爱生活，更会享受人生的快乐！工作就是为了生活，生活就要享受。因为只有这样，他才能在工作中富于主动精神，充满活力和创造力。

回到家里，我不由自主地打开电脑。今天在办公室给公司领导发了一天的明信片，现在我要为自己做一张明信片。似乎是无意，又似乎是灵感的驱使，一张精美的明信片很快就画出来了：那是在深邃无垠的苍穹，有一颗特别明亮的星星在向我闪烁……

是啊，他在哪里，可我又该如何把自己心中的明信片寄出去？

55篇
不能把上司的权力当作自己的权力

一月×日

中午吃饭的时候，小石说她来公司快一年了，总算知道公司是如何运行的了。她说："一家公司就像一支军队。军队的任务就是打胜仗。一支军队有陆军、空军、海军，为了能让各兵种充分发挥战斗力，就必须给他们提供通信、情报、运送弹药、收治伤员的医院等支援。对于一家公司来说，工厂、销售部、企划部、研发部就是它的战斗部队，而我们秘书科就相当于部队的参谋部，我们这些秘书就相当于参谋。战斗部队和参谋部相当于一辆战车的前后轮，少了谁也不行。"

虽然我来公司已经两年多了，但还从来没像小石这样认真考虑过秘书科与各部门之间的关系和作用，真是有些惭愧。

下午三点多，我去给孙总送份文件，孙总说他正准备打电话找我。他说:"刚才财务部有人打电话来向我告状,说天津一家公司拖欠我们近四百多万元的货款,是市场部人为造成的。我今晚乘八点半的飞机到上海出差,正准备回家收拾一下,你找个时间把这个问题的情况了解一下,如果不是什么大问题,你就协调一下,把问题解决算了。"

无论发生什么事情,秘书只有知道问题在什么地方发生,才能知道在什么地方解决。回到办公室,我给市场部的人打电话,问天津那家公司拖欠货款的问题是怎么回事,我想过去找具体经办人了解一下情况,对方说那人刚出去。

玛丽说她知道一些情况,财务部的人对她说起过。事情的经过大致是这样:上个月月初,我们公司在天津举行新产品发布会,晚上宴请华北地区的客户。由于销售部起初把天津一家客户的名单漏报了,在发布会的当天才补上去,所以晚宴上只安排这家公司的代表与会务工作人员同席,也没人想着给他们发纪念品。这家公司的代表觉得自己受了委屈,便以我们公司产品的售后服务不到位为由,拖延到期应付的货款。销售部的人认为,产品发布会是市场部负责筹办的,是他们怠慢了客户,所以市场部应该为这件事负责。

过了一会儿,市场部负责此事的人来电话说:"这事责任不在我们。公司虽让我们筹办具体会务,但我们把会务工作承包给天津的一家会议公司了。如果销售部一开始不把人家的名单漏报,就不会出现这种事。再说,即使我们出了差错,凭他们销售部的人与客户的老关系，完全可以早就解决这个问题了。他们是看我们不顺眼，没事找碴儿，借题发挥。"

我问："这事也不能老拖着，你看这事应该如何解决？"

那边电话说："既然是赖账，就打官司吧。白纸黑字的合同在那里，别把客户惯坏了。"

由于部门利益的不同和看问题的角度不一样，各部门之间出现一些矛盾和摩擦是正常的。秘书常常要充当和事佬的角色，或者像消防队一样到处灭火。现在这件事公说公有理，婆说婆有理，该怎么办？

"于雪，我觉得这事也很好办。他们平时也老不把我们这些'秘书村官'当干部，既然这次是孙总让你处理，那你就快刀斩乱麻，把两边的具体经办人叫到一起，先各打五十大板再说，让他们自己想办法在规定的时间内把客户搞定。否则，让他们自己去向孙总解释，看他们敢不敢拿自己的饭碗当玩具。"玛丽说。

这样做省事，但不能从根本上解决问题。我说："第一，你一上来就拿领导吓唬人，人家口服心不服，往往是按下葫芦起了瓢，不能从根本上解决问题。即使你这次把人家吓倒了，下次呢？久而久之，就没人买你的账了，你只会给人留下一个狐假虎威的印象。第二，孙总知道了也不一定会高兴，因为领导也要以理服人，不能一天到晚威胁员工，动不动就炒员工的鱿鱼。"

"那你想怎么办？"玛丽问。

"怎么办，我现在还没完全想好。但我想第一步是要让他们两家人坐到一起，直接沟通，有什么问题当面说清楚，找到解决问题的办法。"

"这两家都不是省油的灯，要这么容易做通工作，问题就不至于拖到现在了。"玛丽不以为然。

但对我来讲，这一步必须得走，要让他们尽可能地消除误会，明白公司的利益是最重要的，不能把部门利益放在公司利益之上。

"如果他们仍然各唱各的调，你又怎么办？"

"如果他们两家还是各唱各的调，那我就告诉他们，我想去趟天津，问他们谁有空陪我走一趟。"我说。

"你去天津干什么？"

"我会告诉他们，我去天津的目的，第一，代表公司'孙总'向客户道歉；第二，听听客户对我们的售后服务到底有什么意见，他们希望我们在哪些方面改进；第三，告诉客户，我们希望在一个月之内解决问题。"

"你以为客户会听你的，在一个月之内把钱给你？"玛丽还是不以为然。

"管不管用，我还没有完全想好。"我说，"我给个期限，主要是给自己公司两个部门的人听的，期限一过，肯定就是打官司。这两家吵归吵，但他们都明白，各自都有错。这事要是闹到公司事务会上去讨论，真要打官司，这两个部门都会被追究责任，他们谁也好受不到哪里去。所以，我估计他们不一定会让我去天津，会自己想办法摆平。因为我觉得这事不是解决不了，而是他们两家都在赌一口气。"

玛丽点点头："你这个办法也许管点儿用，先让他们明白道理，后让他们明白厉害，不让他们觉得你这个人好说话。"

当然，这也不一定是最佳的办法，也许只能算权宜之计。由于秘书经常代替领导行使职权，因此一些秘书常常会产生一种错觉，以为自己和领导一样拥有实权。对于秘书来说，如果自我感觉特别好，过分地相信自己的能力，在处理各部门之间的矛盾和纠纷的时候，就会非常迷信压服的方式，认为只有采取"高压"，别人才能俯首帖耳。再加上有的领导不容许别人批评自己的秘书，从而养成秘书在公司里飞扬跋扈、欺上瞒下的作风，结果让自己处于"四面楚歌"的境地。

代理就是代理，代理权绝对不是实权！秘书部门是个综合协调部门，因此，除非情况紧急，非动用上司赐予的尚方宝剑不可，在协调一般的部门关系和矛盾时，应该尽量采取疏导说明、商量互让的"软"手段解决问题。如果秘书一旦产生了自己拥有实权的感觉，处理问题就会追求"痛快"，这样倒是省时省力，但随时有可能掉进自己挖的陷阱里。

56篇
安于现状迟早被淘汰

二月×日

今天一上班，经理就让我画图。马上又要召开公司董事会了，在提交给公司董事会讨论的年度经营业绩报告中，经理第一次让我把主要经营指标用图形表示出来。经理说这么做有几个好处：直观、简单明了、印象深刻，而且能从图表上直接看出业绩指标的发展趋势等。好在绘图软件很给力。但是，看来得补补这方面的功课。

晚上小馨在电话里跟我说了一件她今天下午发生的糗事，说她很想辞职，想听听我的看法。

小馨在一家通讯辅助设备制造公司做文秘，今天她的老板终于约到了某移动通讯公司老总，定好今晚一起吃饭。这是一个开拓业务的极好机会。下午一上班，老板就晚上见面的事宜与小馨商量起来。

"听朋友说，这家通讯公司大老板的酒量很大，我原准备让研发部的刘奇今晚一起去，但他太书生气，不会喝酒。除了销售部的王涛，你看今晚还派谁去比较合适？"老板兴致盎然地征求小馨的意见。

"我怎么知道？你是老板你定吧！"小馨诚恳地回答。

听小馨这么一说，老板兴致陡降，只好转移话题。他指着移动公司的宣传样本说："这个上面 ICP（内容提供商）这三个英文字母是什么意思？"

"对不起，我是学文秘的，我也不知道这 ICP 是什么意思。"小馨实事求是地回答。

"好吧，你出去忙吧！"老板明显不高兴。

从老板的办公室出来后，小馨为自己刚才的表现感到脸红。一问三不知，这算什么助手？她觉得自己不是做秘书的材料，所以想辞职。

我劝小馨别把这事看得太重，秘书不知道公司谁会喝酒和不能完全看懂客户的样本是正常现象。

"话虽这么说，但我仍然觉得愧对老板。"小馨还是闷闷不乐。

的确，随着市场竞争越来越激烈，企业领导人面临的压力越来越大，他们对自己的助手的期望值也越来越高，因此，作为秘书，应尽可能地提高自己的能力，以满足上司的工作要求。

如果从这个角度看，作为老板的助手，小馨连公司几个高层管理人员的酒量如何都不清楚，主要客户的样本也看不懂，那就不能不说是一种失职。如果说这种失职还可以谅解，那么，在老板征询自己的意见时，用"不知道"来应付，而不是积极采取措施"我去查一下"或"我去问一问"，则更不可原谅。

　　小馨的问题在于她安于现状。一般的上司工作都非常忙，不可能将自己所有的工作和要求都向秘书"汇报"，所以，秘书必须学会利用自己的职务优势来充实和提高自己。那么，作为秘书，在日常工作中应如何利用自己的职位优势充实自己呢？第一，对从自己经手转发的各种文件和资料仔细阅读和琢磨。第二，留意上司的电话和上司与各部门经理的谈话。第三，留意网上和报刊上有关本行业的新闻和动向，遇到不清楚的问题就向同事请教。只要做到了这几点，那你基本就能了解公司的运营状况和上司的工作重心。日积月累，你的工作视野自然就会开阔，想上司所想，急上司所急，与上司在工作中形成默契，自然而然成为上司的得力助手。若安于现状，迟早会被淘汰。

　　我把自己的想法跟小馨沟通后，小馨连连点头，最后叹了口气："唉，到现在我才明白'逆水行舟不进则退'这句话的真正含义。"

57篇
即使是老秘书也不能支配新上司

⟲二月×日

作为我们的新经理，托尼今天一上班就告诉我，我们部门今年准备再招两个新秘书。算来算去，我已是部门里的老人了，心里百感交集。

过了春节一上班，姜总就连续几天召集公司部长以上的领导开会，讨论公司配合国家的"一带一路"倡议在西部投资的几个项目。这几天主要是我和小石两人担任会议记录。由于所有投资项目的资料早已提前发到参会者手中，所以会上少了许多项目背景情况的介绍，参会者直接发表自己的看法，各抒己见，虽然有几个项目被 pass，但是如果能补充一些资料，仍有可能在下次会上通过。

见小石记录得很辛苦，我说："小石，这种会不要一字一句都记录下来，只要把各人主要意思记录下来就行了。整理后让他们在上面签字。"

下班的时候，我问小石记了一天是不是很累，她说："累是有点累，但觉得学了不少东西。"

六点半，我和托尼乘车去机场为欧阳经理送行。这次经理被派到重庆，在一家我们公司投资控股的合资公司担任总经理。当轿车在通往机场的高速公路上飞驰的时候，我的思绪也飞驰到三年前我初进公司的时候。

当时，经过初选，和我一起竞争这个秘书职位的一共有八个人，其中有两个还是硕士研究生，只有我一个人是专科生。公司最后只录用了我一个人，这多亏经理的帮助。他当时坚持录用我的理由很简单，一是只有我一个向全体参加面试的工作人员鞠躬敬礼；二是在结束面试后，只有我一个人顺手把门关上。这是人力资源部的人后来告诉我的。所以，对这位老经理，我一直怀有一种知遇之恩。

二月的北京，虽说立春有些日子了，可吹来的风仍然让人感到特别冷。我们到达机场候机大厅的时候，欧阳经理早到了，他的太太和女儿也来了。

"小于，这几年来你进步很快，看到你已成了部门的骨干，我的心里很高兴，觉得我当初坚持是对的，我没看错人。"经理虽然在笑，但看得出，他有些伤感。

"头儿，我真的非常感谢您，我会继续努力工作，一定不辜负您对我的期望。"我发觉自己说话的声音也有些哽咽。

"小于，高兴一些。你还得要有更大的心理准备。"经理见我快流泪了，鼓励我说。

我使劲点点头。我明白他的意思。孙总被派到美国到去了，而孟姐准备去英国陪儿子读书，她最迟三月底就办辞职手续，托尼已跟我谈过，让我做好给姜总当专职秘书的准备。

"小于，跟我过来，我们单独说几句话。"经理突然把我拉到一旁，说，"小于，我当初犯了一个错误，希望你将来能吸取我的教训。"他说着，指着椅子让我也坐下。

"几年前，当姜总刚从日本回来的时候，我开始给他当秘书。由于他出国多年，对国内的许多事情一开始不是很了解，很多事情要问我，这事应该怎么处理，那事应该怎么办好，我就把我给焦总当秘书时的做法告诉他，这事是这么办的，那事应该那么办，久而久之，让我养成了一个习惯，就是姜总不按我意思做我就不习惯。"

经理叹了口气，接着说："过了将近一年，有一次，我听见姜总跟高尔夫球俱乐部的人通电话，说他周末有空，可以去打球。于是，在星期四下午，俱乐部的人来电话再次确认时，我替姜总确认了。星期五早晨，我去姜总办公室确认周末的日程安排时，提起了打高尔夫球的事。不料，姜总马上把脸拉长了，反问我：'谁同意去打高尔夫球了？要打，你自己去！'我知道自己做错事了，秘书应当事先知道上司下一步想做什么，但不能自作主张，甚至先斩后奏，做之前必须得到上司的确认。通过这件事，我也意识到自己已养成了一个喜欢支配上司的毛病。于是，趁人事调整的机会，我让姜总派我到上海去，他不肯，没过几天，孟惠已准备办理离职手续，要和老公一起去新加坡，他硬是把孟惠留了下来，让她作他的专职秘书。虽然把我提成了经理，但我知道，他也不习惯我事事都喜欢支配他的毛病。作为一个老秘书，很容易犯支配上司这种毛病。如果犯了这个毛病，它有可能变成一个陷阱，让你前功尽弃。现在，你在公司里也算是个老秘书了，所以，千万要注意绕开这个陷阱！"

我真不知道该怎么感谢经理！

飞机马上就要起飞了，在安检处，经理再次对我说："小于，我的工作方法比较简单，过去老跟你发脾气，让你受了许多委屈，请别往心里去。部门你也算老人了，好好协助托尼的工作吧！"

我们送行的人都已泪流满面。

人生就是邂逅。机场候机大厅里人们南来北往，来去匆匆，相会实际就是离别的开始。

"经理，请多保重！"

"下飞机后马上来电话！"

人们在离别声中分手。听着经理女儿的哭泣声，我心中感到一阵阵酸楚。

58篇
争取做上司的"后台朋友"

今天下午，孟姐开始把她手头的工作向我移交。下班之前，她提议我陪她到接待室坐坐，喝杯咖啡。也许是在离别之际有太多的话要说，我俩反而不知从何说起，所以，只有墙上的壁钟，在嘀嗒嘀嗒地响着，好像是在代替我俩互相祝福。

"孟姐，我有些紧张。"我说，"我怕自己的经验不够，不能像你那样协助姜总的工作，辜负了姜总对我的期望。"

"小于，不用紧张。"孟姐笑笑，"一是你给孙总已当了一年的专职秘书，有了一定的经验；二是你平时也经常跟姜总接触，相互都挺熟悉的。再说，大多数上司跟你我这些普通人一样，思维方式一样，处理问题的方法一样，他们也有自己的喜怒哀乐，在决策过程中，他们也会受各种情绪的影响。在他们取得成绩的时候，他们也需要有人欣赏；在他们承受过重的工作压力的时候，他们也需要有人听他们倾诉。因此，如果秘书真正了解了上司内心真实的思想和情感，给他们当好助手也不是一件很困难的事。"

但是，要完全真正了解自己上司内心的真实想法，谈何容易！

孟姐似乎看透了我的心思，仍只是笑笑。"的确，许多时候，连上司自己都不知道自己在想些什么，当然就更不可能告诉你他到底在想什么。事实上在一般情况下，上司也不会向秘书作'思想汇报'。"

孟姐喝了口咖啡，停了一会儿，说："所以，你自己必须细心地观察上司。"说着，孟姐指着墙上的壁钟问我，"小于，你听出这钟的声音有什么特别的地方吗？"

我摇了摇头。这是一个工作很正常的壁钟，我没听出钟声有什么异样。

"你再仔细听听。"

嘀嗒嘀嗒……我凝神听了一会儿，发现了那秒钟发出的声音，在不同的时间的确发出不同的声音，强弱不一。原来，从0秒到30秒时，秒针在走下坡路时，似乎不太费劲，特别是到了第20秒的时候，似乎能感觉到秒针在加速，它的脚步特别轻快；而从30秒到60秒的时候，它的脚步又仿佛变得特别吃力，所以它发出的声音也慢慢地变得微弱。我兴奋地说出了我的感觉。

"当秘书就得有这种细心和敏感，观察和了解上司。"孟姐说，"要了解上司，就得细心观察上司的日常工作，如他每天见了哪些人、打了哪些电话、批了哪些文件，又如在约见客人时，先后顺序的安排，谈话时间的长短，说话的口气，关注的问题……通过这种仔细观察，你就能慢慢地了解上司，知道他内心真正在想些什么，比如他目前最关心哪些问题，哪些问题最让他头痛，他有哪些事想急于实现，他正在筹划什么项目或行动……"

孟姐不愧是孟姐。

"当你了解了上司内心这些真正的想法后，你的工作就轻松了许多，你的许多工作就可以提前准备，不会老处于被动状态。在他想要他需要的材料的时候，你已经准备好了；在他想见什么人的时候，你已经把对方的电话号码找了出来；在他想要杯咖啡的时候，你也已经冲好了咖啡……总之，只有细心，才能做到周到。"

"能做到这一点，是不是就可以叫作善解人意的秘书了？"我问。因为，在我心中，善解人意的秘书，是做秘书的最高境界。

"仅仅细心周到还不能算作是善解人意。善解人意的秘书，是一种境界更高的秘书。秘书不仅懂得要为上司做些什么，更懂得对于上司来说，哪些事情不能做，哪些话不能说。不知你留心过没有，大多上司在工作上或情感上都有自己的'雷区'，这些雷区似乎是天生的，没有什么理由，别人碰不得，一碰他就暴跳如雷。为什么会有这种'雷区'，很多时候他们自己也说不清，所以外人觉得他老是发无名火。如果你对此做到善解人意，上司会更加信任你，你与上司之间的交流就会更多，你就是名副其实的助手。一个善解人意的秘书，可以说是上司的'后台朋友'。"

"后台朋友？"我第一次听到这个说法，不明白它的真正含义，"后台朋友是什么意思？"

"你不觉得我们的领导在经营企业过程中，很多时候像是在演戏吗？他们要按事先设计好的情节，费尽心思化好妆，穿好衣服，准备好台词，端好架势，一步步走到前台，使出浑身解数去表演，以赢得满堂喝彩。当他们表演完毕，回到后台，脱下戏服，卸了彩妆，在这时，他们往往很疲倦，非常需要有位朋友，上前去跟他们说一句辛苦了，哪怕是默默地交换一个眼神，表示对他的理解。这一句问候或一个眼神，远比前台的喝彩更让他们感到温暖。因为在这位朋友面前，他可以不必表演，可以说真心话，可以表现出一个本来的他。上司需要的就是这种后台朋友。一个人如果一天到晚都像是在演戏似的，时间长了，肯定受不了。"

我觉得自己对于姜总的了解，还远没达到这种程度。成为上司的后台朋友，对于许多秘书来说，也许永远只能是一种境界，或者说是一种理想。要想成为一个称职的职业秘书，就已经非常不容易了。

"小于，我觉得你已具备了成为一个优秀秘书的潜质，再经过几年的历练，你肯定能成功。"

孟姐把手伸给了我，仿佛是要把她肩上的担子交给我，又似乎是想把她的经验和智慧亲手传授给我……

59篇
秘书工作面临着严峻的挑战

⟲二月×日

公司决定今年再招聘两个秘书，于是在北京的一家报纸上登载了招聘启事。今天招聘启事在报纸上刊登出来了。在我们的招聘启事旁边，还有一条同样大版面的招聘启事。那是一个IT企业，招聘启事是这样的：

本公司是一家专门从事网上资讯服务的综合性电子商务公司，现欲聘文秘两名。要求本科以上学历，三年以上相关工作经验，形象气质俱佳；能熟练使用各种办公软件，懂数据库管理，打字速度每分钟不低于100字，英语六级以上；沟通能力强，适应团队工作；具备一定的财务知识，熟悉市场经营与管理，有敏锐的市场洞察力。

"于雪，你看这个招聘广告。"玛丽把报纸递给我说，"这哪是招文秘，简直就是招 CEO。"

小石把报纸也拿过来看，看完感叹："IT 企业的文秘就是这样！"

"小石，你知道 IT 是什么意思吗？"玛丽问小石。

"不就是 information technology（信息技术）吗？"

"No，"玛丽装着洋腔洋腔地说，"IT is I'm tied（'IT'是指'我太累'了）。"

艾丽丝见她俩这么热闹，也把报纸拿过去看，一边看，一边对我说："小于，我倒想起一件事来，前天美国 AT 公司兰妮小姐给了我一张名片，她实际就是个 secretary，可名片上却印着 administrative assistant（管理助理），我当时没有太在意，看来是有些区别。"

"我还见过印着 office coordinator（办公室协调员）的名片，这有什么稀奇的，人家想怎么印就怎么印！"玛丽总觉得艾丽丝喜欢大惊小怪。

"我也想起来了。"小石说着，从抽屉里翻出一张名片来，"这是我上个星期收到的一张名片，人家是 executive assistant（行政助理），我当时琢磨了好久，猜不出到底是个什么职务。"

我觉得，人家在名片上印的职务，并不像玛丽说的那样，在企业管理制度相当规范和严格的公司里，员工的职务和头衔是不能随便叫的，更不能随便乱印，所以，无论是 administrative assistant，还是 office coordinator 和 executive assistant，都有相应固定的工作内容和职责。应该说，这些头衔从本质上来说，还是属于 secretary 的范畴，但是，她们与传统的 secretary 相比，无论是在工作内容上，还是在职责上，又都有了一定的区别；其实，在我们的实际工作中，这种区别也很明显，只不过是我们在名称上未加区分，都笼统地叫"文秘"或"秘书"罢了。

随着时代的发展，秘书工作的内容和职责也相应发生了变化，这是理所当然的。从这则广告里，就可以明显地看出来：首先，对秘书、文秘的技能和知识的要求，已由过去强调打字、写作和存档这类基本技能向英语、办公自动化、财务这些更广泛的文秘知识拓展。过去招聘文秘，一般只要求"有一定的写作能力"或"良好的文档管理经验"这类基本技能。现在，不仅在办公自动化方面要求会管理数据库，而且在财务、企业管理等知识方面也有了相当的要求。这是一个趋势。

其次，秘书不仅要注意秘书业务素质的提高，还要熟悉本公司所在的行业和专业的情况。过去的文秘工作往往只局限秘书工作本身，不需要去了解行业或专业方面的动态和最新进展，以为那只是职能部门的事情。现在不仅要求秘书熟悉公司的市场经营活动，还要有敏锐的市场洞察力。所以，现在的高新技术企业，特别是那些 IT 企业，对秘书的要求，一方面要求秘书是通才，有相当的行业背景、经验和知识面，对新技术有一定的了解，有快速洞察竞争对手策略变化的能力；另一方面要求秘书对本公司的产品性能和产品核心价值定位有深刻的理解和体验。如果从秘书是上司的助手和参谋这个高度来看，这要求是很正常的。如果你不懂公司的业务，不了解公司所在行业或专业的具体情况，你怎么做参谋或助手？比如，我们东岩公司马上要进入生物制药行业，经理要求我们看些有关这方面市场和技术的书，了解一些基本知识，就是这个道理。

最后，也是最重要的，那就是企业对秘书的非智力因素的要求，将和对智力因素的要求一样同等看待。过去人们对秘书的要求，就是看会不会打字，或者会不会英语这些技能知识性的东西。将来则会更重视协调沟通能力、团队精神、责任感、忠诚度这些非智力因素方面的东西。

作为职业秘书，我们必须迎接挑战。

The only thing we have to fear is fear itself.（我们唯一恐惧的是恐惧本身。——罗斯福）

从明天起，我将正式成为姜总的专职秘书。如果从单纯的秘书基本技能来看，我对自己的能力充满了自信。但是，随着公司业务的发展，市场竞争越来越激烈，姜总肩上的担子也越来越重，他也面临着越来越严峻的挑战，作为他的专职秘书，或者是他的助手和参谋，我的工作自然而然地面临着许多严峻的考验，既有知识方面的，也有技能方面的；既有经验方面的，也有意志方面的。只有勤奋学习，努力积累，才能应付挑战，不辱使命。

60篇
做好准备，等待机会女神的到来

◯ 二月×日

今天北京开始下今年的第二场大雪。瑞雪兆丰年。下雪了，也就开始慢慢有了过年的气氛。

下午小琳打电话来说晚上她"请客"。我问她有什么好事，她在电话里笑而不答。晚上在必胜客见面之后，她才说出真相。

两年前毕业时，小琳到一家大型国有集团公司总裁办当秘书。由于公司属于机械加工行业，产品的利润率越来越低，所以，去年年底公司决定开发系列纳米产品，以形成新的利润增长点。

大前天公司召开临时董事会，讨论投资纳米产品项目的问题。由于大多数董事过去都是从事机械加工的，对"纳米"没什么了解，所以，尽管技术总监用原子、电子负荷等理论解释了半天，大家仍然感到有些云里雾里。眼看会议陷入了僵局，总裁有些坐不住了。这时，坐在他身后负责担任会议记录的小琳悄声问他是否可以让自己解释一下什么是纳米。总裁马上点头，于是，小琳用非常通俗的语言解析了什么叫纳米和纳米产品的功效……会议达到了预期的目的，结束时总裁宣布让小琳负责公司整个纳米项目的协调工作。

"怎么天上掉下来的馅饼会落到你的嘴里？"有个同学问。

"因为我早就做好了准备，随时张嘴接天上掉下来的馅饼。"小琳笑着说。

小琳的机遇看似偶然，其实是水到渠成的事。小琳来到总裁办后，平时和我们一样也只是打杂，如接电话、给客人泡茶、取送文件等。但是，她并不觉得自己被大材小用而感到委屈，她认为如果自己连"杂"都打不好，领导是不会把更重要的工作交给自己的。

过去她对"纳米"也没多少了解，上个月的一天，总裁让她到四楼的研发部取份材料，他说自己刚给技术总监打过电话。技术总监给她的是一份公司开发纳米产品的可行性报告。她习惯性地仔细阅读了这份材料，看完之后预感到公司有可能要进行这方面的投资，于是，她开始注意收集有关"纳米"的材料。

她不仅注意收集信息，还充分利用自己工作上的便利条件，在与研发部打交道时，经常跟有关人员"套磁"，如开开玩笑说说笑话，向他们请教关纳米方面的一些问题。见总裁办的秘书向自己讨教，工程师们自然诲人不倦。久而久之，小琳不仅积累了丰富的纳米知识，还与从事纳米产品前期研发的工程师们建立了良好的关系。这样，当总裁让她负责协调整个项目时，她早已胸有成竹了。

小琳的机遇真让我们几个同学羡慕。小琳之所以能脱颖而出，首先在于她能脚踏实地地工作，不论是端茶送水，还是取文件送材料，她都扎扎实实地做好。

现在有些秘书总认为自己是在打杂，工作没技术含量，所以，一边抱怨上司不重视自己，另一方面又对自己的工作敷衍了事。这样，即使上司把一些重要的工作交给秘书们，秘书们也往往做不好，最后让上司失望。事实上领导也不会重用那些对工作敷衍塞责的人。

千里之行，始于足下。在现代职场上，每一个秘书都应该有一个"千里之外"的目标，但为了实现这个目标，一定要脚踏实地，尽职尽责地做好自己的本职工作。为了实现那个长远目标，又不能安于现状，要会利用自己的职位优势，突破本职工作的束缚，逐步开阔自己的视野，从整个公司运营的角度来观察问题，像上司一样思考问题。比如，仔细阅读和琢磨自己经手转发的各种文件和资料，留意上司的电话和上司与各方面的谈话，经常从网上和报刊上了解有关本行业的新闻和动向，遇到不清楚的问题就向同事请教等。只有这样的秘书才能想上司所想，急上司所急，把一些工作做在前头，上司才会真正把她当成自己的助手。

　　下午，西部的一个省政府在京举办投资企业联谊会。我和玛丽陪姜总和赵总出席。晚宴之后，玛丽说不顺路，让司机直接到我家，晚上住我家。雪在漫天飞舞，我让司机在路口停车，我俩决定走一段路回家。大片的雪花正从天空中飘落，停在路边的汽车全变成白色的了。大树和路灯，都裹上了一层厚厚的积雪，一切都显得那么厚实而柔软。整个北京城似乎都凝固了，像一座空旷的教堂那么安静。

　　我们一边笑着闹着一边往前走，但走不了几步就要滑倒一次。当我们蹲下来堆雪人的时候，顽皮的雪花肆无忌惮地钻进了我们的脖子里，但我俩一点也不在乎。像是第一次见到雪似的，兴奋得忘乎所以，好像整个北京城只有我俩。我们堆完一个几乎同我们一样高的雪人，又开始打雪仗……累了，我们站在一起手拉着手，静静地听着雪花簌簌地落在我们肩上的声音。

　　多么美好的雪花！它既不像风那么张扬，又不像雨那么矫情，它从从容容地来，又从从容容地去，它似乎什么也没有留下。但冬天如果不下雪，那么，冬天将不再是冬天，冬天就会让人无法忍受！

　　有雪的冬天多好！瑞雪兆丰年！